ERINA北東アジア研究叢書——10

The Economic Research Institute for Northeast Asia

# 「一帯一路」経済政策論

## プラットフォームとしての実像を読み解く

Mu Yaoqian　　Xu Yirui　　Okamoto Nobuhiro
**穆尭芊・徐一睿・岡本信広** 編著

日本評論社

# 北東アジア研究叢書発刊に際して

　環日本海経済研究所（ERINA）は，その名が示すように，日本海を取り巻く中華人民共和国，朝鮮民主主義人民共和国，日本国，大韓民国，およびロシア連邦に，内陸国のモンゴル国を加えた，6カ国からなる北東アジアの経済社会を研究対象とする。それは，総人口17億人の諸民族の結びつきを包摂する広大な地域である。

　本研究所が設立されたのは1993年10月であるから，それは，冷戦が終結し，社会主義計画経済から市場経済への移行が開始された世界史的大転換期の端緒とほぼ同時に，産声を上げたことになる。すなわちその誕生は，北東アジアにおいても，市場主体間の結びつきや市場と市場との結びつきが新たに形成され，経済交流が拡大・深化し，さらには一つの「経済圏」が形成されるという，壮大な展望への強い期待を背景としていたのである。研究所の課題は，何よりもまず，北東アジア経済社会の調査研究であり，これを担う調査研究部は，国内外の多数の共同研究員の協力を得て，現地調査を含む活発な調査研究活動を繰り広げると同時に，国際的共同研究のプラットフォームの役割をも果たすようになってきている。第2にそれは，経済交流の促進活動であり，これを担う経済交流部は，経済交流推進の国際協力ネットワークのハブとしての機能を担うようになりつつある。第3にそれは，これらの活動を通じて獲得した情報や知見の社会への発信と還元であり，これは企画・広報部を中心に，ERINA Report（隔月），『北東アジア経済データブック』（年刊），ERINA Business News（隔月），ERINA booklet, The Journal of Econometric Study of Northeast Asia（年刊），ディスカッション・ペーパ，ERINA Annual Report（事業報告書）などの出版活動を通じて，行われてきた。

　しかし，所内においてこうした情報や知見の蓄積が進むにつれて，それまでの個別的な情報提供だけでは社会の要請に十分応えていないのではないか，という反省が生まれ，さらに北東アジアの各国経済や国際経済関係の一層深い分析と，この地域の体系的な経済社会像を提示する必要性が明らかになってきた次第であ

る。また研究活動のあり方においても，国際共同研究が大きな柱となるに至り，その研究成果をまとめた研究書の刊行が期待されるようになったのである。だが，そうした北東アジア経済論にしても，各国経済論にしても，一度まとめれば完成というものではない。社会は自然界とは異なって，絶えず変化し，新しくなっていく。先人の成果に基づき新たな地域経済論を作り上げても，それは時とともに色あせ，時代遅れになる。研究所は常に新しい問題に直面し，新たな解決と分析方法を求められ，模索し続けることになる。そこでこうした模索過程の成果を，その時々に一書としてまとめて刊行しようとするのが，本叢書の趣旨に他ならない。私たちは，北東アジアという地域的個性と，同学の方々の鞭撻と批判を通じて得られた質の高さとを兼ね備えた，叢書を目標としたい。

　本叢書はERINAの関係者によって執筆される。一年間に二冊の上梓を目指したい。こうした専門書の公刊は決して容易なものではないが，私たちの身勝手な要請をこころよく聞き入れて，叢書出版を受諾された日本評論社と，この刊行事業に支援を与えられた新潟県とには，研究所を代表して，この機会を借り深く謝意を表したい。


2012年1月

環日本海経済研究所長
西村可明

# 目　　次

北東アジア研究叢書発刊に際して　　iii

## 序　章　プラットフォームとしての「一帯一路」（徐一睿・穆尭芊）……………1

1　本書の狙い　1
2　「一帯一路」の展開　1
3　日本の関心　3
4　中国国内の背景　4
5　「プラットフォーム」としての「一帯一路」　5
6　本書の構成　8

## 第1章　地域開発政策─地域一体化への新展開とは？（穆尭芊）……………11

1　はじめに　11
2　これまでの議論の整理　12
3　「ビジョンと行動」の特徴　14
4　地域発展戦略としての「一帯一路」　16
5　「一帯一路」：中国の地域発展戦略の新展開　18
　5.1　世界銀行による開発政策の枠組み　19
　5.2　中国の地域発展戦略の展開の経緯　20
　5.3　「一帯一路」の性格　21
6　ヨコとタテから見る「一帯一路」　25
　6.1　ヨコの視点：ほかの地域政策との関連性　25
　6.2　タテの視点：変化し続ける「一帯一路」　26
7　おわりに　27

## 第2章　地方財政─財政格差の再拡大をどう防ぐか？（町田俊彦）……………31

1　はじめに　31
2　地方税収入の地域格差の再拡大　33
3　地方財政調整機能の強化　37

v

4　地方財政調整機能の限界　*39*

  5　持続可能な「一帯一路」に向けた財政改革提案　*43*

  　5.1　税収格差の経済力格差への感応度が強い中国の税制　*44*

  　5.2　改革提案：人口基準による付加価値税・営業税の地域配分　*45*

  6　おわりに　*48*

## 第3章　インフラ整備—地域間の格差是正に寄与しているか？（徐一睿）‥‥ *51*

  1　はじめに　*51*

  2　中国におけるインフラ整備の歴史的推移　*52*

  3　フローデータに基づく分析　*55*

  4　国内の地域政策としての「一帯一路」　*62*

  5　インフラ資金調達の模索—PPP の活用　*64*

  6　おわりに　*69*

## 第4章　農村・農民—農村を発展させられるか？（岡本信広）‥‥‥‥‥‥ *73*

  1　はじめに　*73*

  2　「一帯一路」戦略　*75*

  　2.1　中国の対外開放動向　*75*

  　2.2　「一帯一路」の内容　*77*

  　2.3　進捗状況　*78*

  3　対外開放と三農問題　*80*

  　3.1　グローバル化と貧困，農村，所得格差　*80*

  　3.2　「一帯一路」と農村　*82*

  　3.3　定量的観察　*83*

  4　おわりに　*90*

## 第5章　人流・物流—鉄道輸送の経済効果をどの程度変えるか？

  （南川高範）‥‥‥‥‥‥‥‥‥‥‥‥‥‥‥‥‥‥‥‥‥‥‥‥‥‥ *95*

  1　はじめに　*95*

  　1.1　「一帯一路」構想とは　*96*

  　1.2　2つの鉄道計画と河南省　*97*

  　1.3　鉄道の整備と経済成長，経済発展の関係について　*99*

  2　データと検証方法　*101*

  　2.1　人的往来促進の効果　*104*

  　2.2　貿易促進の効果　*107*

  　2.3　使用する産業連関表について　*108*

目　次

　3　実証結果　109
　4　結論　111
　　［補論］産業連関表がもつ2つの要素とRAS法　112

## 第6章　東北内陸―近くて遠い「借港出海」の進展は？　（新井洋史）……… 117

　1　はじめに　117
　2　「借港出海」とは何か　118
　3　「借港出海」をめぐるこれまでの政策展開　119
　　3.1　「借港出海」の提起　120
　　3.2　「借港出海」の位置づけ　122
　　3.3　吉林省の政策展開　122
　　3.4　黒龍江省の政策展開　123
　　3.5　中ロ両政府の政策協力　124
　4　「借港出海」を支える輸送回廊整備の経過　126
　　4.1　ハードインフラ整備　126
　　4.2　ソフトインフラ整備　130
　　4.3　複合一貫輸送サービス開発　131
　5　「一帯一路」以降の「借港出海」　136
　　5.1　「一帯一路」と北東アジア　136
　　5.2　黒龍江省　137
　　5.3　吉林省　138
　6　まとめ　138

## 第7章　海上シルクロード―「海運強国」は実現可能か？　（朱永浩）……… 143

　1　はじめに　143
　2　歴史から見る「一帯一路」の意義と物流への影響　145
　　2.1　陸海の経済圏を同時に築く「歴史的な実験」　145
　　2.2　「一帯一路」の現在地とこれからの捉え方　146
　　2.3　動き出す6つの経済回廊と物流拡大への期待　147
　　2.4　CMRECの意義と「中欧班列」の利用拡大　148
　3　「21世紀海上シルクロード」と中国海運業の課題　151
　　3.1　中国物流の主役としての海運業　151
　　3.2　中国商船隊と「国貨国運」の可能性　153
　　3.3　海運業界の再編・統合　155
　　3.4　海外港湾事業への積極的な進出　156
　4　おわりに　158

vii

終 章　**政策評価——「一帯一路」はプラットフォームになりえるのか？**
　　　（岡本信広）・・・・・・・・・・・・・・・・・・・・・・・・・・・・・・・・・・・・・・・・・・・・・・・・・・・・・・・・ 161

　　1　はじめに　161
　　2　先行研究からみる「一帯一路」の評価　162
　　3　新型三線建設？　163
　　4　「一帯一路」関連投資の拡大　164
　　5　本書のまとめ　166
　　6　おわりにかえて　167

**あとがき　（穆尭芊）**・・・・・・・・・・・・・・・・・・・・・・・・・・・・・・・・・・・・・・・・・・・・・・・・・・・・ 171


索　引　175
編著者・執筆者一覧　181

# ■序　章■ プラットフォームとしての「一帯一路」

徐一睿・穆克芋

## 1　本書の狙い

　本書は，「一帯一路」の中国国内的な側面に注目し，地域開発政策，地方財政，インフラ整備，農村の発展，人流と物流，内陸国境協力，海洋物流などの観点から，経済政策としての「一帯一路」の意味と影響を分析し，中国国内政策から見た「一帯一路」の性格を明らかにするものである。

　「一帯一路」に関する日本の研究は，中国の国際戦略として捉える分析が多く，中国国内の経済政策としてその意味や影響を検討する研究はまだ少ない。また，政治や国際関係からの考察が多く，経済の側面に特化した具体的な分析がなされていない。しかし，中央から地方まで国を挙げて実施されている「一帯一路」は，中国の国内経済にどのような意味を持ち，中国経済にどのような影響を与えるかは極めて重要な問題で，具体的な政策分野に基づく経済分析が求められている。本書は，各分野における「一帯一路」の意味と影響を明らかにしたうえで，「一帯一路」とは何かという問いに対し，経済政策の側面から「プラットフォーム」としての答えを出すことを目指している。

## 2　「一帯一路」の展開

　「一帯一路」構想が誕生してから，その内容や規模が急速に拡大している。2013年9月に習近平国家主席が中央アジア諸国を歴訪してカザフスタンで「シルクロード経済帯」を提起し，同年の10月にASEANを歴訪してインドネシアで「21世紀海上シルクロード」を打ち出した。陸上ルートの「一帯」と海上ルートの「一路」を合わせて，「一帯一路」構想と呼ばれるようになり，同年の12月に

1

北京で開かれた中央経済工作会議において，「一帯一路」構想が正式に推進されるようになった。

中国政府の「一帯一路」に関する具体的なビジョンは次第に明らかになった。2015年3月に国家発展改革委員会・外交部・商務部は「シルクロード経済帯と21世紀海上シルクロードを共同で建設することを推進するビジョンと行動」（以下「ビジョンと行動」）を公表し，「一帯一路」の主旨は，「経済要素の秩序だった自由な移動，効率の高い資源配置と市場との高度な融合を促進し，関係各国の経済政策との協調の実現を促進し，さらに大きな範囲，高くて深いレベルでの地域協力を展開し，共同で開放・包容・均衡・恵みをもたらす地域経済協力の枠組みを推進する」ことであるとした。協力の重点分野は，①政策（政府間協力，開発政策の相互リンク，具体的なプロジェクトへの共同支援など），②インフラ整備（交通，エネルギー，情報通信など），③貿易（貿易の便利化，通関・検査検疫協力，電子ビジネスの促進，投資環境の改善，対外直接投資の拡大など），④資金（金融協力の促進，AIIB・BRICs銀行の運営，金融監督強化など），⑤民心（文化・学術交流の拡大，若者・女性交流の促進，留学生の相互派遣，観光協力，伝染病予防，人材育成，政党・議会・友好都市・シンクタンクの交流強化など）の5つを挙げており，包括的な内容となっている。

また，2017年5月，中国政府の主催による「一帯一路」国際協力フォーラムが北京で開催された。130あまりの国と70以上の国際機構から計1500人が参加し，29カ国の首脳と国連事務総長を含む複数の国際機構のトップが出席した。習近平主席が「一帯一路」構想を提起してから，瞬く間に世界で大きく注目されるビッグイベントになった。

2018年11月，中国政府は「中共中央国務院のより有効な地域協調発展の新しいメカニズムの構築に関する意見」を公表し，「一帯一路」を「京津冀」，「長江経済帯」，「粤港澳大湾区」などの地域戦略と並べて，中国国内の協調的な地域発展を促進する「重大戦略」として取り入れた。「一帯一路」については，「国内・国際と東部・中部・西部及び南北の調和的な地域発展の新しい局面を構築する」ことを目指し，地域開発政策としての役割も強調するようになった。

2019年4月，2回目の「一帯一路」国際協力フォーラムが前回を上回る規模で開催された。中国政府は対象国の借金拡大懸念に対応するために「一帯一路」の債務の持続可能性に関する分析フレームワークを作成し，対象国の債務リスクを

評価して融資の参考にすると公表した。こうしたことから，「一帯一路」プロジェクトにおける量の拡大からの質の向上への取り組みの変化が見られた。

## 3　日本の関心

「一帯一路」構想は一体どういうもので，中国はどのようにこれを推進しようとしているのか，世界各国は高い関心を示している。日本の新聞各紙を検索してみると，2014年末から「一帯一路」が全国紙に取り上げられるようになり，以降多くの記事が掲載されている。たとえば，『読売新聞』の初出は2014年10月18日，2019年3月26日現在までの合計掲載数は620件となっている。『日本経済新聞』の初出は2014年11月9日，合計掲載件数は945件で，『朝日新聞』の初出は2014年12月21日，合計掲載件数は387件になっている。『産経新聞』の初出は2014年12月25日，合計掲載数は1255件で，『毎日新聞』の初出は2015年2月18日，現在の合計掲載数は466件になっている。

　各新聞社は「一帯一路」を大きく取り上げているが，その内容に関する解釈もそれぞれだ。たとえば，『読売新聞』2016年10月26日の記事では，「中国の経済圏構想。中国から陸路で欧州に至る『シルクロード経済ベルト（一帯）』と，南シナ海やインド洋を経由する『21世紀海上シルクロード（一路）』に沿って鉄道や道路，送電網などを整備し，中国主導の経済秩序を確立する狙い」と紹介している。『日本経済新聞』2018年10月4日の記事では，「中国と欧州を結んだ交易路，シルクロードに沿って中国が構築をめざす経済圏の構想。沿線には中国を含めて計65カ国あり，合計の人口は44億人を超える。中国が道路や港湾などのインフラを建設し，貿易や人の交流を促し『親中国』の経済圏をつくる。通貨人民元を沿線国で使ってもらい，元の国際化を後押しするねらいもある」と記している。このように，「一帯一路」に関連する新聞記事を総覧すると，ほとんど国際政治の視点から地縁政治や国際関係の論調で「一帯一路」を議論していると言ってよい。

## 4 中国国内の背景

「一帯一路」は中国の国際構想である認識は間違いではない。しかし，中国の東西を繋げ，国内すべての地域が参加する「一帯一路」を対外政策としてのみ捉えるのは不十分である。国内の視点から見ると，同構想は多くの経済分野と深く関係しており，経済政策として様々な国内背景がある。「一帯一路」は市場の拡大，地域格差の是正，財政構造の改善，人流と物流の拡大，内陸国境協力，港湾・海上輸送の発展などを促す役割があり，中国国内経済にとって重要な意味を持っている。

市場拡大の面では，「一帯一路」は中国政府が90年代の後半から提唱した「走出去」（Go Abroad）戦略をベースにし，さらにグレードアップしたものである。2008年のリーマンショックに対処するために4兆元政策を打ち出し，世界経済の安定化に寄与すると同時に，中国経済はV字回復も実現した。しかし，急進的な財政政策は国内生産能力の過大や地方政府の隠れ債務などの問題を浮き彫りにしたために，国内市場のみならず海外市場の開拓も求められるようになったのである。

開発政策の面では，「一帯一路」は中国の地域開発政策の新しい展開である。中国は改革開放初期から先富論に基づく沿海地域開発を行い，2000年代に入ってから「西部大開発」，「東北振興」，「中部崛起」などの地域ブロックをターゲットとした振興政策を実施してきた。これに対して「一帯一路」はローカルハブとしての都市拠点を発展させながら，インフラ投資を通じて地域連携を促進し，国内と国外をリンクさせることに大きな特徴がある。また「一帯一路」は単独に打ち出されたものではなく，「京津冀」，「長江経済帯」，「東北振興」，「粤港澳大湾区」と同様に国内の地域一体化を促進する目的がある。

財政構造からみると，「一帯一路」を支える財政的根拠や地域間の財政問題が指摘できよう。中国経済は「新常態」と言われるように，かつての10％以上の高度成長は過去のこととなり，安定成長期に入っている。経済成長の鈍化とともに，税収の自然増が期待できなくなり，政府間財政移転を通じて地域間の財政格差を縮小することが難しくなっている。胡錦濤・温家宝時代に提起された「和諧社会」が奏功して地域間の経済格差や財政力格差は一時収束するようになったが，近年では再び拡大傾向に転じている。地域間のバランスの取れた成長を実現するために，「一帯一路」がどのような役割を果たすかが注目に値する。

輸送面からみると,「一帯一路」は内陸国境地域の開発と輸送ルートの整備,海上物流の発展にも大きな意味を持っている。内陸部は沿海部と違って,港へのアクセスが難しく,それが産業振興や貿易拡大の阻害要因となっている。広東省は低付加価値産業を省内の先進地域から後進地域に移転させる「騰籠換鳥(とうろうかんちょう)」(籠の中の鳥を取り替える)政策を打ち出し,産業の地域間再編成を試みようとしたが,輸送コストなどの理由で,企業は内陸部に移転するより海外に出る動きを見せている。しかし「一帯一路」は内陸部における道路や鉄道インフラを整備し,新たな輸送ルートを確立してハブ都市を繋げ内陸部の発展に貢献できる。たとえば,中欧国際鉄道コンテナ定期便の開通は河南,重慶,陝西,新疆などの内陸部に活気をもたらしている。中欧国際鉄道コンテナ定期便は2011年に運行開始したが,「一帯一路」構想が提起されてから急速に拡大し,2017年は往復3673便,2018年8月までに累計1万便に達している。

このように,「一帯一路」は国内外に点在するハブ都市を輸送インフラで線形に繋ぎ,内陸国境協力,港湾・海上輸送の発展を促進し,市場の拡大を狙っている。また,国内における財政構造の改善を図りながら,都市部と農村部,そして地域間の協調的な発展を目指している。

## 5 「プラットフォーム」としての「一帯一路」

「一帯一路」を経済政策としてみると,様々なプロジェクトが詰め込まれているのが現状である。時間軸から見れば,政府によって「一帯一路」が打ち出される前のプロジェクトが含まれているし,空間的にも国内から海外までのインフラ建設等のプロジェクトが含まれている。したがって経済政策論から考えると,「一帯一路」は一種の「プラットフォーム」となり,国内外における新たな経済建設の「場」を提供している。本書では,「一帯一路」を経済政策の「プラットフォーム」であると提起する。

「プラットフォーム」(英語:「Platform」,中国語:「平台」)とは何か?オックスフォード英語辞典(Oxford English Dictionary)で「Platform」を調べると,「通常は特定の活動や操作のために意図された離散的な構造物で,人々や物が寄って立つ一段高くなった場所」を表す言葉として,16世紀頃から用いられてきた。『広辞苑』で「プラットフォーム」を調べると,「壇,舞台,駅などで乗客が乗り

降りする一段高くなった場所」となっている。「漢語辞典」で「平台」を調べると、「生産や施工の過程においてある種の操作を行うために設置された作業台であり、移動や上下に動くものもある」とされている。また、IT 業界では、「アプリケーションなどのソフトウェアを動作させるための共通基盤」あるいは「異なる製品を製造する場合の共通部品のモジュール」のことをプラットフォームと呼んでいる。

　以上の概念を帰納的に整理すると、「プラットフォーム」はいくつか要件が含まれていることが分かる。まず、「離散的な構造物」で「壇、舞台、駅など」様々な場面に対応するために、ある程度包括的なものである必要がある。次に、「共通基盤」や「共通部品のモジュール」で表しているように、「プラットフォーム」はある種の基盤性が求められている。さらに、「一段高くなった場所」が示しているように、「プラットフォーム」はこれまでのレベルを超えて、新しいものを作り出すという創造的な含意がある。最後に、「移動や上下に動く」で分かるように、「プラットフォーム」は動かないものではなく、位置の調整などを含めて変化するものである。このように「プラットフォーム」という言葉には包括性、基盤性、創造性、変化性などの要素が含まれており、「一帯一路」の性格にうまく合致していると考える。以下詳細に検討する。

　まず、「一帯一路」は包括的なものである。対象地域には様々な国、地域が含まれており、中国国内においてもどこかの省を排除するものではない。対象分野には、「ビジョンと行動」が示しているように、政策、インフラ整備、貿易、資金、民心の 5 つを挙げており、経済のみならず、文化交流、人材育成、伝染病予防などの幅広い分野が含まれている。プロジェクトの面では、「一帯一路」が打ち出される前のプロジェクトが含まれており、寄せ集めにみえるが、今までの蓄積を生かしている。中国では、大きな構想を打ち出す際に、それまでの取り組みや施策を取り入れるのは一般的である。国内経済の側面では、「一帯一路」は市場拡大、地域格差、財政、インフラ、人や物の移動、内陸国境連携、海上輸送などの分野に深くかかわっており、包括性を持っている。

　次に、「一帯一路」は「プラットフォーム」としての基盤性を持っている。「一帯一路」は国別の外交政策、企業の海外展開、地方の国際協力、交通インフラ整備、地域開発、一体化の推進、海洋に関連する経済活動の強化などに新たな根拠を提供しており、政府、企業、団体、大学、マスコミ、個人などのプレイヤーに

活動の基盤をもたらしている。新たな「舞台」として，人々や物，新しい政策の依って立つ「場」としてとらえることが可能である。中西部のインフラ整備や内陸国境地域における越境輸送ルートの取り組みでみられるように，「一帯一路」は既存のプロジェクトや施策に新たな「場」を提供し，異なる意味合いや正当性を与える場合がある。中国国内にとどまらず，国と国を接続する広域なものに対して新たな接続点を見出そうとしている。このように，「一帯一路」はその包括性や柔軟性により「虚像」にみえる部分があるかもしれないが，「共通基盤」のインフラを構築して各プレイヤーの活動を支えることで，「虚像」を「実像」に変換させようとしている。

　第3に，「一帯一路」はそれまでの政策レベルを超えて，「一段と高くなった場所」として創造性を持つものである。確かにこれまでのプロジェクトをそのまま取り入れる場合があるが，寄せ集めにとどまらず，新たな「舞台」において新しい奏者や音符を生み出している。たとえば，河南省は鄭州―ハンブルク，鄭州―ミュンヘンの中欧国際貨物列車を新規に開通し，運航便数を2013年の週1便（往路のみ）から2018年の週16便（往復8便ずつ）に拡大している。また，鄭州―ルクセンブルクの国際航空貨物輸送路線を開通し，運航便数は2014年の週2便から2018年の週18便に拡大した。吉林省と黒龍江省でみられるように，「一帯一路」は地方政府による国際輸送ルートの取り組みを強化し，新たな施策を生み出している。また，地域開発政策の側面では，「一帯一路」は「西部大開発」のような特定地域の特別支援戦略と異なり，インフラ整備を通じて先進地域と後進地域を繋げて，地域経済の一体化を促す政策となっており，中国の地域開発政策に新しい展開をもたらしている。

　最後に，「一帯一路」は不断に変化するものである。「一帯一路」の表現は2013年に習近平国家主席がカザフスタンとインドネシアで「シルクロード経済帯」と「21世紀海上シルクロード」を打ち出した後に登場するようになり，最初から使われた言葉ではない。対象国や地域の数も大きく拡大してきている。当初は中国より西に向かって開放するものだという理解があり，東北地域は「一帯一路」に入るかどうかも定かではなかった。後に「ビジョンと行動」が公表され，東北地域の多くの都市が言及されていることから，「一帯一路」はどこかの省を排除するものではないことが明らかになった。また，シルクロード基金やアジアインフラ投資銀行（AIIB）の設立は金融面の支えを提供するようになり，2017年の国

際協力フォーラムは同構想を国際的に大きく注目される外交舞台のテーマにした。最近,「一帯一路」は「京津冀」,「長江経済帯」,「粤港澳大湾区」などの地域戦略と並んで,地域開発政策の役割も強調されるようになった。このように,「一帯一路」は国際連携の推進や生産要素の自由な移動の促進などの趣旨の下,実施の状況や諸外国の反応に合わせて不断に調整されており,常に変化するものである。以上をまとめると,経済政策の面からみると「一帯一路」は包括性,基盤性,創造性と変化性を持つ「プラットフォーム」であるといえる。

## 6　本書の構成

第1章は地域開発政策の観点から「一帯一路」の性格と意義を分析する。「一帯一路」は中国における地域開発政策の新しい展開であり,実施に移された初めての全国を対象とした発展戦略である。「一帯一路」は経済先進地域の沿海部と後進地域の内陸部を繋げ,経済要素の自由な移動と効率的な配置を目指す「地域経済一体化」戦略である。単独の政策ではなく,「京津冀」,「長江経済帯」,「東北振興」,「粤港澳大湾区」などの発展戦略と共通の主旨を有しており,中国全体の地域開発政策の中で「一帯一路」は地域間連携を促すものとして位置づけられている。

第2章は財政の側面から地域間財政力格差の動向を明らかにし,格差是正の改革案を提示する。「一帯一路」による大規模なインフラ整備は地方財政によって支えられる部分もあり,財政力が弱い中西部の地方がどのように財政基盤を保持するかは重要な課題である。本章は国内付加価値税と営業税の各省への帰属を現行の原産地原則から仕向地原則に変更し,地方財政調整機能を加味した人口基準方式への改革を提案する。経済力格差と地方財政・税収との間に緩衝装置を設定することを通じて財政力の地域格差の縮小に寄与する。

第3章はインフラ整備の観点から,「一帯一路」における内陸部のインフラ整備状況とその影響を検討する。インフラ関連の固定資産投資のストックとフローのデータを用いて,「一帯一路」が提起される前後に固定資産投資はどのように変化してきたか,東部,中部,西部,東北部の4つの地域の特性と格差を分析した。西部におけるインフラ関連の固定資産投資はすでに東部とほぼ同水準になっており,その増加は「一帯一路」が提唱される前から始まっていることなどを指

摘する。「一帯一路」は西部地域にインフラ関連の固定資産投資の拡大に新たな根拠とプラットフォームを提供したといえよう。

第4章は農村の観点から、「一帯一路」が中国の農村の発展にどのような影響を与え得るかを検証する。「一帯一路」は中国の対外開放の政策の一部であり、それによって新しい産業の誘致や物流インフラの改善が期待され、貿易が不利だった内陸地域にも経済成長のチャンスをもたらす。雇用機会の喪失の可能性や成長果実の貧困層への普及に関して不安はあるが、統計的な分析結果からは農村地域への悪影響や農村地域の発展を妨げるような事実は観察されない。今後の展開としては、国有企業の海外進出にともなって農村が労務輸出の供給源となることや、農業協力や電子化、農業産業化の進展にともなう輸出の拡大などが考えられる。

第5章は人流と物流に注目し、河南省の事例を通じて鉄道輸送の変化に基づく地域経済への波及効果を分析する。河南省は中国の鉄道交通の要衝であり、「一帯一路」の代表的なプロジェクトである中国と欧州を結ぶ定期列車の取り組みを積極的に行っている。河南省の2017年の推定産業連関表を用いて、「一帯一路」構想における河南省の人的往来の促進に伴う旅行収入の増加、鉄道輸送貿易の促進に伴う外貨収入の獲得という2つの効果を検証する。「一帯一路」構想がもたらす鉄道輸送の変化に起因する地域経済への波及効果は、人的移動による効果が河南省に限らずより大きい。河南省では特に付加価値の誘発が大きいことを示す。

第6章は内陸国境協力の観点から、吉林省と黒龍江省における中ロ鉄道プロジェクトの取り組みを検討する。海への出口のない吉林省と黒龍江省は、ロシアや北朝鮮の駅や港を借りて荷物を海外に輸送する必要があり、越境鉄道ルートの整備や港使用に関する国際協力を行っている。また、吉林省や黒龍江省の荷物をロシアや北朝鮮を通して再び中国南部の大都市に輸送するという国内荷物の越境輸送にも取り組んでいる。これらの活動は最近活発となっているが、取り組み自体は「一帯一路」が打ち出される前から行われている。一定の成果が得られているが、内陸国境地域の国際連携は依然として多くの課題が残されている。

第7章では、海上物流の観点から中国の海運業はどのように発展してきたか、どのような特徴と課題があるかを分析する。これまで「大陸国家」を標榜してきた中国だが、昨今は「海洋国家」としての一面も強化しようとしている。「一帯一路」の進展の下で、中国政府は海運業強化の政策を着実に推進してきた。一方、

国際競争力の視点から鑑みると，中国商船隊の競争力強化には多くの課題が残っており，「国貨国運」の目標は短期的に実現することが困難である。「海運強国」への道は依然として遠く，今後も積極的に海運業の国際競争力強化に取り組むと考えられる。

　終章はプラットフォームとして「一帯一路」の経済性について論じる。「一帯一路」が建設プロジェクトの寄せ集めではなく，プラットフォームとして機能するには，経済主体の経済合理性を発揮することが必要である。本書では「一帯一路」の基本内容や展開の過程については，各章を単独で参照する読者の便を考え，各章それぞれの文脈の中で整理されており，一部重複している。本書が「一帯一路」への理解を深める一助となれば幸いである。

## ■第1章■ 地域開発政策─地域一体化への新展開とは？

穆尭芊

### 1 はじめに

　2013年9月と10月，習近平国家主席が訪問先のカザフスタンとインドネシアで講演し，「シルクロード経済帯」と「21世紀海上シルクロード」構想を打ち出した。この2大構想は後に「一帯一路」と呼ばれるようになり，2013年11月の中国共産党第18期三中全会で採択され，2015年3月に国家発展改革委員会・外交部・商務部の共同署名で「シルクロード経済帯と21世紀海上シルクロードを共同で建設することを推進するビジョンと行動」（以下「ビジョンと行動」）として詳細が公表された。この間，中国主導のシルクロード基金やアジアインフラ投資銀行（AIIB）は「一帯一路」の実施を資金面から支えるものとして期待が高まり，「ビジョンと行動」は急速に現実味を帯びるようになった。さらに，「一帯一路」は2015年10月公表の「国民経済・社会発展第13次五カ年規画の策定に関する中国共産党中央の建議」に多くが言及され，現時点の中国における最も重要な対外政策であるとみなされている。

　「一帯一路」をめぐる日本の研究は，中国の国際戦略として周辺国への影響や日本の対応策を考察する研究が多い。例えば，関［2015］は，「一帯一路」の実現に向けた中国政府の一連の取り組みは戦後米国が西欧諸国に実施したマーシャル・プランを思わせるものであり，一部のメディアでは「中国版マーシャル・プラン」と呼ばれていると紹介した。そこでは，「一帯一路」は中国の国際展開の方向性や行動を示すものであり，外交的な色彩が強いと認識されている。しかし，国際面のみならず，同戦略が打ち出された中国国内的な背景を検証することも重要で，とりわけ国内経済政策としての意味を明らかにすることが大切である。この点においていくつかの研究がなされているが，さらに深く掘り下げる余地があ

る。

　本章は，「一帯一路」が打ち出された中国の国内的要因に関する既存の研究を
ふまえ，地域開発政策の視点から同構想の意義と影響を検証する。「シルクロー
ド経済帯」は沿海地域から内陸地域，国境地域を繋ぎ，政策の実行は中国の地域
開発政策や国内経済構造の空間的な変化に大きな影響を及ぼす。「21世紀海上シ
ルクロード」は沿海地域における企業集積と産業構造の高度化に深く関わってい
る。後述するように，「一帯一路」は中国の国際展開のビジョンでありながら，
国内地域政策としても重要な意味を持ち，これまでにない政策展開が含まれてい
る。具体的に指摘すれば，同構想は経済先進地域の沿海部と後進地域の内陸部を
繋げ，財・資本・労働・情報などの生産要素の自由な移動と効率的な配置を通じ
て沿海地域や内陸部の大都市の発展を促し，沿線地域の牽引力を強化する「地域
一体化」を促進する新しい地域開発政策である。

## 2　これまでの議論の整理

　本節では「一帯一路」構想の国内的な側面，具体的には「一帯一路」の中国国
内経済における意味は何かという問題意識を念頭に先行研究を整理したい。

　伊藤［2015］は，「一帯一路」が中国の対外戦略の一環であると同時に，国内
の改革と経済政策の一環でもあるとし，国内的には主に「2つの過剰」（生産能
力と外貨準備）を解消するための景気対策と成長戦略だと分析した。「一帯一路」
の主要な課題として関連プロジェクトの採算性の低さや国内の重複建設を惹き起
こす可能性があると指摘した。中国の過剰な生産能力については，朱［2015］も
言及している。それによれば，シルクロードの沿線国への援助として，インフラ
建設，投資による産業の移転は，実質的に国内の過剰な生産能力のための市場開
拓であり，苦境に陥った産業に新たな投資先を確保することである。「一帯一路」
の実施は国内経済への刺激に有利であると主張している。また，関［2015］は中
国企業の海外展開に大きなビジネスチャンスをもたらすと指摘し，インフラ建設
関連産業，交通・輸送関連産業，エネルギー産業，貿易と観光産業などは特に有
望であると分析した。

　金森［2015］は，「一帯一路」構想が（沿海部と内陸部の）地域格差の是正と
いう国内経済問題を解決する1つの有力な手段として出されたものだと指摘した。

肖［2015］は，「一帯一路」の実施が沿海部と内陸部の相互補完を促し，中部・西部地域の自主的発展能力と対外開放レベルを向上させ，当該地域を飛躍的に発展させると分析した。篠田［2015］も，「一帯一路」がシルクロードの起点とされる中国の内陸部，沿岸部に経済・産業の振興をもたらすと指摘する。福建・雲南・四川を事例に挙げ，①物流インフラ整備を中心に周辺国・地域との連結性の強化，②経済開発区・実験区の整備や国際博覧会の開催により国内外の投資の誘致，③日系企業によるインフラ整備や製造業，サービス業への投資協力により内陸部の振興に役に立つと分析している。このほか，鄭［2015］は「一帯一路」戦略が東・中・西部を貫き，地域間の協調的発展を目指しているとし，東部からの産業移転及び中西部におけるインフラ整備が促進され，地域間の経済発展の不均衡問題の解決に寄与すると指摘した。

　張他［2015］は，「一帯一路」がこれまでの国内地域協調発展戦略に国際的な視野を取り入れたことで，中国の地域協調発展4.0として位置づけた（地域協調発展4.0については後述する）。「一帯一路」戦略はその性質から地域協調発展4.0の重要な内容で，中国の地域発展戦略体系の重要な構成部分であるとし，狭隘な国家行政区域の制約を越え，中国が周辺地域ないしは多くの国家と相互に利益を享受し，平等に協力する新しい地域協力発展モデルの共同構築を切望する真摯な願いを示すものであるとした。程［2015］は，「一帯一路」・「長江経済帯」・「京津冀[1]協同発展」が既存の東部・中部・西部・東北部の4大地域発展戦略実施のブロック化を打破し，省ごとに実施する現状を改め，市場メカニズムの機能を強化する役割があると分析した。上記の戦略の実施により，各省が地域発展戦略を「単独に実施し，その成果を独占する」傾向が緩和され，4大地域経済の空間的構造転換が促進されるとする。劉他［2015］は，「一帯一路」が国土の空間構造を改善・均衡化し，内陸部の大都市や対外開放の新拠点を形成し，沿海部の国際競争力を高める機能を持ち，内陸国境地域における主要な通関ポイントや国境都市の発展も促進すると指摘した。

　以上のように，「一帯一路」の中国国内に及ぼす効果に関する分析は，①過剰な生産能力や外貨準備の解消及び新たなビジネスチャンスの獲得，②内陸部の経済振興を通じた地域間格差の是正，③地域発展戦略の新しい展開及び国内経済の

---

1）北京，天津，河北の略称。

空間的変化への影響の3点に集約される。それぞれ興味深い論点を提示しているが，本章ではこれらをふまえつつ，地域開発戦略と地域一体化の側面に重点を置いてより深く検討する。

## 3 「ビジョンと行動」の特徴

「一帯一路」は中国共産党中央や中国政府の多くの重要な会議で採択・承認されているが，具体的な政策文書では国家発展改革委員会・外交部・商務部が公表した「ビジョンと行動」が最も詳細である。この文書は「一帯一路」の時代的背景，協力の原則，枠組み，重点，メカニズム，中国各地方の位置づけと中国政府の行動などを詳しく記しており，「一帯一路」構想のシンボル的な政策文書である。本章はこの文書を中心に「一帯一路」の概要を紹介し，その特徴を考察する。

まず，「一帯一路」の主旨は，「経済要素の秩序だった自由な移動，効率性の高い資源配置と市場との高度な融合を促進し，関係各国の経済政策との協調の実現を推進し，さらに広い範囲，高くて深いレベルでの地域協力を展開し，共同で開放・包容・均衡・恵みをもたらす地域経済協力の枠組みを推進する」ことである。ここで注目したいのは，「経済要素の自由な移動，効率性の高い資源配置と市場との高度な融合」が国際間のみならず，中国国内の地域間においても重要な政策目標であり，国際協力を推進するうえでの前提条件でもあることである。この戦略には，中国国内における質の高い統一市場の形成や地域間の協調的発展の促進の意味が含まれている。

次に，「ビジョンと行動」の協力の重点分野は5つ挙げられている。①政策：政府間協力，開発政策の相互リンク，具体的なプロジェクトへの共同支援などが挙げられている。②インフラ整備：交通，エネルギー，情報通信などの分野においてハードとソフト面のインフラ整備の強化である。③貿易：貿易の利便化，通関・検査検疫協力，電子ビジネスの促進，投資環境の改善，対外直接投資の拡大などである。④資金：金融協力の促進，AIIB・BRICs銀行の運営，金融監督強化などである。⑤民心：文化・学術交流の拡大，若者・女性交流の促進，留学生の相互派遣，観光協力，伝染病予防，人材育成，政党・議会・友好都市・シンクタンクの交流強化などである。この5つの重点分野にはヒト・モノ・カネ・情報・政策など多くの経済要素が含まれている。

14

第3に，協力のメカニズムについて3点を言及している。①2国間協力の強化：「一帯一路」の実施計画・行動プランに関する2国間協議を進める。②多国間協力の強化：上海協力機構，中国-東南アジア諸国連合（ASEAN）「10＋1」，APEC，アジア-欧州会合（ASEM），中国-アラブ諸国協力フォーラム，大メコン圏（GMS）経済協力プログラムなどの多国間協力メカニズムの強化。③沿線各国のリージョン・サブリージョン間の協力の推進：中国-ASEAN博覧会，中国西部国際博覧会，中国-ロシア博覧会などの協力メカニズムを強化し，「一帯一路」国際ハイレベルフォーラムの創設を提言。以上から確認できるように，「一帯一路」の協力メカニズムはいままでの連携体制を切り捨てて独自に新設するものではなく，既存のものを積極的に取り入れ，それを強化しながら新しい連携体制を作っていくというプラットフォームのような性格を持っている。伊藤[2015]が指摘するように「寄せ集め」という側面もあるが，中央政府の戦略は分断されたものではなく，既存のものを選択的に取り入れながら，新しい方向性の下で施策の重点を再構築する側面も見られる。

第4に，各地方の位置づけについて，それぞれの地理的特徴を生かした周辺国との連携強化が挙げられている。①西北・東北地域：新疆，陝西，寧夏，内モンゴル，東北三省などを中心に中央アジア，西アジア，ロシアとの協力強化。②西南地域：広西，雲南，チベットなどを中心にASEAN，南アジアなどとの協力強化。③沿海地域と香港・マカオ・台湾地域：海南，珠江デルタ，長江デルタ，環渤海地域などを中心に対外開放を深化させ，国際貿易・観光・海洋関連産業，物流，イノベーションなどの発展を促進。④内陸地域：重慶，成都，鄭州，武漢，合肥などの都市圏を拠点にして内陸型の開放モデルを強化し，国際物流，通関利便化，電子ビジネスなどの発展を促進。このように，各地方の既存の地域発展戦略を数多く取り入れている。

この政策文書の特徴は，以下の4点にまとめられる。①「一帯一路」は一部の省・直轄市・自治区（以下「省」）を対象とするものではなく，全国すべての地域を対象としている。「ビジョンと行動」には一部の省名・都市名を挙げているが，明確な地理的範囲を設定しておらず，どこかの省を排除するものではない。②具体的な都市名を多数明記しており，今までの省を中心とした地域発展戦略と異なる。地理的範囲が広い省ではなく，経済活動が集中するハブ都市を拠点にして関連地域の発展を牽引することを目指している。③協力のキーワードは「通じ

る」で，政策，インフラ，貿易，金融，民心の5分野を挙げて相互の「連通」を強調し，ヒト・モノ・カネ・情報などの市場を構成する諸要素の自由な移動を強調しており，地域一体化を促進するものである。④各地方の位置づけにおいて，これまで中央政府に承認された数多くの省レベルの地域発展戦略を取り入れており，地域政策として分断されたものではなく，継承性が保たれている。

## 4　地域発展戦略としての「一帯一路」

「ビジョンと行動」の内容を見ると，「一帯一路」は中国が周辺国とともに，陸海を通じて西に向けて経済連携を強化する国際的な構想である。ここでは，「一帯一路」の国内的な側面，具体的には地域発展戦略としての性格を持つかどうかを検討したい。この点は本章の出発点であり，今後の議論を展開するために不可欠なため，先行研究で言及できなかった部分を含めて，さらなる検討したい。

「一帯一路」は地域発展戦略であるかについて，劉［2015］は否定的な意見を示している。それによると，「一帯一路」は中国全体の対外開放を取りまとめる長期的でハイレベルな戦略であり，沿線の国々と共同で開放的・寛容な国際経済協力ネットワークを構築するための構想である。したがって「一帯一路」は国家戦略であり，地域戦略ではない。地域的影響があるから中国の地域戦略だという考えは，この戦略のレベルと役割に対する過少評価になりかねず，沿線の国々の戸惑いを招く可能性もあるとする。ただ，この戦略には重層的な空間範囲が含まれているため，顕著な地域的影響を有していることも認めている。

一方，張他［2015］は，「一帯一路」は既存の地域発展戦略のレベルアップであり，中国の地域発展戦略体系の重要な構成部分であると主張した。これまでの地域発展戦略は中国国内の協調的発展に主眼を置いてきたが，「一帯一路」は狭隘な国家行政区域の制約を越え，国際的な視野を取り入れた地域協調発展戦略であり，中国の地域協調発展4.0と呼ぶことができると指摘している。このように，2つの議論に大きく分かれている。

本章では，穆［2012］の立場を継承し，「一帯一路」は地域発展戦略の内容と要件に合致しており，地域発展戦略は中央政府または地方政府が策定した当該地域の発展を促進するための総合的な政策ビジョンであると定義する。この定義は以下のように展開できる。まず，「一帯一路」は習近平国家主席により提唱され，

中央省庁である国家発展改革委員会・外交部・商務部によって公表された中央主導の政策である。次に，対象地域は特定の地域ではないが，「一帯」を通じて東部地域と西部地域を繋げ，内陸国境地域の対外開放を促しており，地理的空間を前提にしている政策である。また，重点分野は振興政策，インフラ整備，貿易促進，金融協力，人的移動などの多岐にわたり，総合的なビジョンである。したがって，「一帯一路」は地域発展戦略としての内容を満たしていると考えられる。

　次に，地域発展戦略の要件を掘り下げてみる。筆者としては，地域発展戦略には立案の主旨，政府の取り組む方針，実施組織，財源，具体的なプロジェクト，評価などの要件が含まれると考えるが，「一帯一路」はこれらの要件を満たしているのだろうか。要件を確認すると，①「一帯一路」の主旨がはっきりしており，「経済要素の秩序だった自由な移動，効率の高い資源配置と市場との高度な融合を促進し，関係各国の経済政策との協調の実現を推進する」と掲げ，地理的空間を前提とした政策目標の実現を目指している。②「一帯一路」は中国政府の一連の重要な会議・政策文書に反映されており，全国共通の政策目標である。前述の２大構想は中国共産党第18期三中全会で採択され，「ビジョンと行動」は国家発展改革委員会・外交部・商務部の共同署名で公表されたほか，「国民経済・社会発展第13次五カ年規画の策定に関する中国共産党中央の建議」にも反映されている。③政策の実施組織について，張高麗国務院副総理をリーダーとする「一帯一路」建設工作指導グループが作られ，具体的な調整や各地域への指導に当たっている。国家発展改革委員会の公表によれば，2015年11月までに全国31省の地方レベルの実施プランの作成はほぼ完成しており，順次打ち出されている[2]。④財源及びプロジェクトについて，中国政府の主導で作られたシルクロード基金やAIIBのほかに，地方政府も積極的に基金を作って財源を確保している。福建・江蘇・江西はそれぞれ地方レベルの「一帯一路」基金，海上シルクロード産業投資基金，国際産業協力・製造業対外進出投資基金などを設立した。具体的なプロジェクトについて，福建ではアモイ東南国際物流・輸送センターの整備，重慶では欧州向けの鉄道輸送ルートの開通，広西と雲南では中国-ASEAN情報交流センターの整備などが挙げられるほか，広東・江蘇・甘粛などでも具体的なプロジ

---

2）国家発展改革委員会ホームページより。(http://www.sdpc.gov.cn/gzdt/201511/t2015112
0_759153.html，2015年11月30日確認)

ェクトが進行中である[3]。⑤「一帯一路」は始動したばかりの構想であり，その効果に対する評価は現段階で不可能だが，張他［2015］は評価メカニズムの重要性を指摘している。以上の分析で確認できるように，「一帯一路」は地域発展戦略としての要件をほぼ満たしている。

また，「一帯一路」の実施は，中国の地域経済に重要な影響を与えることが推測され，地域発展戦略としての意味が極めて大きい。この点については後述する。いずれにしても，「一帯一路」は地域発展戦略の内容と要件に合致し，今後の中国の地域経済に大きな影響を与えうる点において，地域発展戦略の性格を有していると考えてよい。

劉［2015］と張他［2015］は見解が異なるものの，「一帯一路」は重層的な空間範囲が含まれており，顕著な地域的影響を持つことは共通している。劉［2015］が「一帯一路」は国家戦略で地域発展戦略ではないと主張している理由には，地域発展戦略では中国の国家意思を十分に反映できず，戦略のレベルと役割に対する過少評価になりかねないと懸念しているからであろう。しかし，地域発展戦略の内容・要件・地域経済に与えうる影響から見ると，「一帯一路」は地域発展戦略の性格を明らかに持つ。「一帯一路」は中国政府が打ち出した国際協力の促進を目指す国家構想であると同時に，地域発展戦略の性格としても重要な意味を持つものである。

## 5　「一帯一路」：中国の地域発展戦略の新展開

「一帯一路」が地域発展戦略の性格を持つことが認められるならば，既存の発展戦略との関係性と相違点を明らかにしなければならない。張他［2015］は「一帯一路」が既存の発展戦略と比べて狭隘な国家行政区域の制約を越え，国際的な視野を取り入れたことに着目している。確かに範囲の拡大は重要な変化であるが，質の変化についての検討も重要である。本節は世界銀行による開発政策の枠組みを用いて「一帯一路」の意味を検証し，同戦略が中国の地域発展戦略の新しい展開であることを指摘する。

---

3）注2に同じ。

第1章　地域開発政策—地域一体化への新展開とは？

## 5.1　世界銀行による開発政策の枠組み

　世界銀行［2009］は新しい経済地理学の視点から各国の経済発展を分析し，開発政策の枠組みを提示した[4]。それによると，国家が発展するにつれて，人や経済活動が集中し，その流れは政策では止められないものであるとしている。政府は経済地理の変化の特徴を認識したうえでその流れを加速化しつつ，地域経済の一体化を通じて生活水準の均等化や中心地域から周辺地域への波及効果を促すべきであるとする。さらに，経済地理の3大特徴として密度（Density），距離（Distance），分割（Division）[5]を取り上げる。密度は単位面積当たりの経済の集約量であり，経済活動の地理的な密集度を指す。距離は財・サービス・労働・資本・情報・アイディアなどが地理空間を往来する難易度であり，物理的な空間距離とは異なる。分割は国境と同義語ではないが，財・資本・労働・情報の移動に対して緩やかな制限から領土紛争・内戦・国家間の衝突などがあり，この対象範囲は広い。一国の経済発展は経済地理の空間的変化に伴って発生し，具体的には密度の向上（特定地域の経済規模の拡大と効率化），距離の短縮（地域間のアクセスの利便化），分割の克服（経済一体化の進展）が挙げられる。都市化，地域発展と国家間の経済統合は密度，距離，分割の3大特徴の変化の具現化である。経済活動の空間的集中と福祉水準の地域間の均等化は必ずしも矛盾するものではなく，国の政策や経済の一体化によって両立することは可能である。

　また，こうした3つの特徴をベースにして開発政策の枠組みを提示する。経済地理の空間的変化のメカニズムを認識したうえ，制度（Institutions），インフラ（Infrastructure），介入政策（Interventions）の3次元の政策手段にまとめている。制度とは，空間とは無関係な政策手段の総称で，政府がすべての人々に提供するものである。例えば司法の管理，公共安全，土地・労働・資本市場の規制，一次的な教育・医療，電気，水，衛生などの基本的なサービスが挙げられる。インフラとは空間を接続するすべての投資とそれに関連するルールや規則の総称であり，道路・鉄道・空港・交通輸送システム・通信・インターネットなどが含まれる。介入政策は特定地域に対するインセンティブ政策の総称で，例えば輸出加

---

4）日本語訳は世界銀行［2008］を参照されたい。
5）同世界銀行報告書の日本語訳版には「分離」として訳されている。詳細は世界銀行［2008］を参照されたい。

19

工区などある場所を優遇する規制や投資が含まれる。地方の発展プログラムも含まれる。介入政策は特定地域に対する支援策であり，インセンティブとして訳されることもある[6]。介入政策は密度の向上（特定地域の経済規模の拡大と効率化），インフラ整備は距離の短縮（先進地域と後進地域を繋げる），制度の改善は分割の緩和（地域経済の一体化）と密接にリンクしていることから，3大地理特徴をベースにした政策枠組みであることが分かる。この3つの政策手段を国家にあてはめて考えるとき，国全体の制度環境の整備と社会サービスの提供，経済の先進地域と後進地域の統合，特定地域に対する個別支援政策をすべて網羅しており，政策間において良好な整合性を有している。

　本節はこの政策枠組みを用いて「一帯一路」の意義を検討するが，既存の開発政策との相違を検討するために，まず中国の地域発展戦略の展開の経緯を概観する必要がある。

## 5.2　中国の地域発展戦略の展開の経緯

　加藤［2014］は中国の地域開発戦略の展開を詳細に整理している。それによれば，中国の地域開発戦略は1953-57年の第一次五カ年計画（やや内陸重視），1958-65年の大躍進と調整期（内陸傾斜が継続），1966-76年の文革期（過度な内陸傾斜），1978-90年の沿海地域優先発展戦略（沿海重視），1991-95年のT字開発の提起（沿海から内陸への発展の波及），1996-99年の7大経済圏構想（地域均衡発展），2000-05年の西部大開発・東北振興・中部崛起（内陸重視）を経て2006年-現在の主体機能区（合理的国土開発）になっている。開発理念の変化など明確な基準を持って分類していることが分かる。

　張［2013］はそれぞれの時代の背景を考慮し，中国の地域開発戦略を1949-64年の内陸建設戦略，1965-72年の三線建設戦略[7]，1973-78年の戦略調整，1979-91年の沿海部発展戦略，1992-2006年の地域経済協調発展戦略，2007年-現在の生態文明的な地域経済協調発展戦略に取りまとめた。また，張他［2015］は

---

6）同世界銀行報告書の日本語訳版には「インセンティブ」として訳されている。詳細は世界銀行［2008］を参照されたい。

7）国防上の理由で重要な産業を沿海地域から強制的に内陸地域へ移転させた政策で，毛沢東の主導で行われた。詳細は丸川知雄［1993］「中国の『3線建設』」『アジア経済』，Vol.34（2），pp.61-80及びVol.34（3），pp.76-88を参照されたい。

地域発展戦略の展開を以下のバージョンに分類した。1990年代初めから2004年までの期間を地域協調発展1.0と呼び，西部大開発・東北振興が打ち出されるなど地域間の協調的発展を重視した時期であった。2004年から2007年までの期間を地域協調発展2.0と呼び，中部崛起政策が打ち出され，「西部開発・東北振興・中部崛起・東部率先」[8]と表現される全体戦略がまとめられ，すべての地域が発展戦略に組み入れられた時期であった。2007年から2013年までの期間を地域協調発展3.0と呼び，主体機能区戦略が提起され，人と自然が調和した開発理念が取り入れた時期であった。2013年から現在までの期間を地域協調発展4.0と呼び，「一帯一路」戦略が打ち出され，地域戦略の対象エリアを多くの国々や地域を含ませて中国経済の活動空間や範囲を大きく開拓する時期であるとした。

　本節では地域発展戦略の対象範囲の変化や効率・平等のどちらを重視するかを考慮し，地域戦略の展開を巨視的な視点から以下のように整理する[9]。①1953年から1964年までの基本建設プロジェクトの中西部への重点的配置，②1964年から1978年までの国防重視の三線建設，③1978年から1992年までの開放政策の試みと沿海経済特区の実験，④1992年から2000年までの東部沿海開発による成長牽引地域の育成，⑤2000年から2008年までの地域格差の是正のための西部大開発・東北振興・中部崛起，⑥2008年から2015年までの地方主体による多様な地域発展モデルの形成，⑦2015年から現在までの地域一体化を目指す「一帯一路」などの戦略である。①と②は内陸部へ傾斜する時期で，効率より地域間の平等を重視した。③と④は沿海部へ傾斜する時期で，平等より経済成長の効率性を重視した。⑤は再び内陸部重視・平等重視の時期になった。⑥は各地域の特性を生かした協調的発展戦略を目指したが，結果的に沿海部・効率重視の時期であったと考えられる。⑦は後述するように既存のものと相違している（表1-1）。

## 5.3 「一帯一路」の性格

　既存の地域発展戦略と比べ，「一帯一路」は以下3点において異なる性格を持

---

8）西部大開発・東北地域等の旧工業基地振興・中部地域崛起の促進・東部地域の率先した発展への支援を意味する。

9）詳細は穆尭芊［2012］「中国における地域発展戦略の実態と課題:『中国図們江地域協力開発規画要綱』の事例」『ERINA REPORT』，No.103，pp.38-51を参照されたい。

表1-1　中国の地域開発政策の展開

| 順番 | 時期 | 政策の理念 | 政策の内容 | 代表的な政策 | 効率と公平 |
|---|---|---|---|---|---|
| ① | 1953-1964年 | 産業配置の空間的均衡 | 全国基本建設プロジェクトの中西部への重点的配置 | 第一次五カ年計画，第二次五カ年計画等 | 平等優先 |
| ② | 1964-1978年 | 国防重視 | 沿海地域の産業を強制的に内陸部へ移転させる | 三線建設 | 平等優先 |
| ③ | 1978-1992年 | 開放政策の試み・実行 | 外国資本・技術の誘致，国際市場への参入 | 改革開放，経済特区，沿海開放都市等 | 効率優先 |
| ④ | 1992-2000年 | 成長牽引地域の育成 | 沿海地域に対する積極的な政策支援，財政移転 | 上海浦東新区，天津濱海新区等 | 効率優先 |
| ⑤ | 2000-2008年 | 地域格差の是正 | 内陸地域に対する積極的な政策支援，財政移転 | 西部大開発，東北振興，中部崛起 | 平等優先効率考慮 |
| ⑥ | 2008-2015年 | 多様な地域発展モデルの形成 | 地方主体の発展戦略に対する中央政府の認可 | 広西北部湾経済区発展規画等（100件余） | 効率優先平等考慮 |
| ⑦ | 2015年-現在 | 地域経済一体化 | インフラの連結，発展戦略の協調，行政障壁の打破 | 一帯一路，長江経済帯，京津冀，粤港澳大湾区等 | 効率優先平等考慮 |

（出所）穆［2018］より加筆。

っていることを指摘できる。

　まず，「一帯一路」は実施に移された初めての全国対象の地域発展戦略である。いままでの発展戦略は内陸部重視か沿海部重視かのどちらかで行われてきたが，「一帯一路」はすべての地域が含まれている。「ビジョンと行動」は一部の省・都市に言及したが，ほかの地域を排除する表現はない。前述の国家発展改革委員会の公表では，全国31省の地方レベルの実施プランの作成がほぼ完成していることから，一部の地域に限定して実施するものではないことが分かる。劉［2015］が指摘したように，「一帯一路」は閉鎖的な体系ではなく，絶対的な境界は存在せず，その空間的範囲を具体的に地図に落とすことができない。すべての地域が「一帯一路」に関わることが可能である。

　前述の①と②は内陸部を中心とする発展戦略で，③と④は沿海部を中心としている。⑤は再び内陸部（西部，東北部，中部）に戻った。⑥は省レベルの地域発展戦略の集合体で，全体ではほぼすべての省をカバーしたが，一つの戦略ではな

22

第1章　地域開発政策―地域一体化への新展開とは？

く，整合性が取れるものではなかった。張他［2015］が指摘した地域協調発展2.0では「西部開発・東北振興・中部崛起・東部率先」の表現があり，全国すべての地域が含まれているように見える。しかし，東部はほかの地域のように，中央政府承認の具体的な地域発展戦略（例えば西部大開発，東北振興，中部崛起）もなければ，地域政策の立案機関である国家発展改革委員会において東部地域担当の専門部署もない。地域協調発展2.0は全国を対象としているものとは言い難い。したがって，「一帯一路」は全国すべての地域を対象とする実施に移された初めての地域発展戦略であり，今までにない展開と言える。中央政府は後に「京津冀」，「長江経済帯」，「粤港澳大湾区」を打ち出したが，「一帯一路」はこれらの発展戦略の対象地域を排除するものではない。省間の生産要素の自由な移動を促進し，地域経済一体化を促す意味ではこれらの戦略と共通の趣旨を持っている。

　「一帯一路」は全国すべての地域を対象としており，言い換えると特定地域に対する特別支援政策ではない。それは，個別の地方政府がかつてのように中央政府の全面的な支援を得ることが難しくなり，中央の方針に従って政策を再構築する必要が出てきたにほかならない。個別の地域の目標より全国の目標のほうが重要視され，戦略の策定と実施において中央政府の積極的な指導・関与が前提とされている。また，地理的空間の境界線を設けないことで，地域間の分割は一定の程度で緩和されると見込まれる。

　次に，いままでの地域発展戦略は対象地域に対する特別支援政策であり，当該地域の経済規模や密度を高めるインセンティブ政策であった。前述の①から⑥まではすべて中央政府による特定地域に対する資本投下や優遇策などの適用を伴うものであった。しかし，「一帯一路」は経済先進地域の沿海部と後進地域の内陸部を繋げるものであり，距離を短縮するインフラ整備の政策である。世界銀行の枠組みから見ると，政策の次元が異なっている。「一帯一路」は地域間のアクセスを利便化し，財・サービス・労働・資本・情報・アイディアなどの要素の自由な移動を促している。ハード面では道路・鉄道・空港などの整備を通じて貨物や資本，人的移動を容易にし，ソフト面では通信環境の改善や省間協力の強化などで情報・知識・アイディアの伝達のスピードを速め，地域間のブロック化を打破する狙いがある。

　世界銀行［2009］は地域間のインフラの改善が経済的な集中をさらに促進すると指摘した。輸送コストが低下すれば，先進地域の競争力を持った企業は新しい

23

地域市場に参入することが可能となり，後進地域の生産者よりも低いコストで簡単に生産規模を拡大することができる。中国における沿海地域と内陸地域のアクセスの利便化，経済要素の自由な移動と効率的な配置は，沿海地域や大都市における規模の経済や競争原理の働きを強め，企業活動のさらなる集中を促す可能性がある。一方，世界銀行は経済活動の集中と福祉水準の地域間の均等は必ずしも矛盾するものではなく，地域一体化政策などによって両立できることも指摘している。「一帯一路」は経済要素の効率的配置を促して中国経済の持続的な発展を実現し，企業の競争や技術革新を通じて一般国民の消費レベルを向上させ，内陸部や沿線地域の経済成長を牽引していく発展戦略であろう。この点において，既存の特定地域の経済規模や密度を高める発展戦略と大きく相違している。

　第3に，既存の地域戦略の重点は効率・平等のどちらかに置かれてきたことに対し，「一帯一路」は結果的に効率重視になる可能性があるものの，政策の出発点は異なる。前述の①と②は内陸部中心のため平等重視，③と④は沿海部中心のため効率重視，⑤は再び内陸部中心に戻ったため平等重視という議論が考えられる。沿海部の成長は中国全体の発展を牽引し，内陸部の成長はバランスの取れた発展に繋がると認められるが，いずれも政府による支援政策で当該地域の成長を促進するものであった。しかし，「一帯一路」は政府による直接の支援ではなく，インフラ整備などを通じて地域間経済の一体化を促進し，市場の力が発揮しやすい環境整備に重点が置かれている。政府は密度・距離・分割の地理的特徴の変化に対応し，ハードとソフトの両面において，生産要素の自由な移動と効率的配置が可能となるメカニズムの構築に注力している。前述⑥の中央政府承認の省レベルの地域発展戦略では，中央政府は場所を選定し，その地域の経済的特性を生かしながら企業や経済活動の集中を政策的に促進しようとした。これに対して「一帯一路」では，集中の場所の選定を市場に任せ，政府の役割は市場環境の改善を通じてそのベースを強化することに転換した。結果的に効率重視になるかもしれないが，政府の政策はこれまでの特定地域に対する直接的な支援（介入政策）から市場の力が発揮しやすい環境整備に変化した点に「一帯一路」の特徴があると考える。

　以上をまとめると，「一帯一路」は既存の地域発展戦略と比べて実行可能性を持つ初めての全国対象の地域戦略であると考えられ，先進地域と後進地域の一体化を促進して経済要素の自由な移動と効率的な配置を目指し，市場の力が発揮し

やすい環境整備に重点を置く戦略であると言えよう。本節では世界銀行の政策枠組みを用いて、「一帯一路」のインフラ整備と介入政策の側面を論じたが、制度については言及しなかった。中国政府は制度の側面でも法整備の強化、教育機会の均等化、電気・水・衛生の基本的社会サービスの改善などに積極的に取り組んでいることを忘れてはならない。


## 6　ヨコとタテから見る「一帯一路」

### 6.1　ヨコの視点：ほかの地域政策との関連性

　中国国内からみると、「一帯一路」は単独の政策ではなく、ほかの様々な地域戦略と密接にリンクしており、地域一体化促進という共通の目標を持っている。まず、「一帯一路」に続いて打ち出された「京津冀」、「東北（全面）振興」、「長江経済帯」、「粤港澳大湾区」[10] などの発展戦略は、複数の省を跨いでおり、それぞれの経済先行地域と後進地域の一体化を促進している。次に、省を跨ぐ「都市群」戦略が2015年以降に頻繁に打ち出されており[11]、複数の省における拠点都市間の連携を強化し、生産要素の自由な移動を促している。第3に、経済発展のための新しい都市空間である「新区」[12] は、経済密度の高い旧市街と郊外の新開発地域との連帯性を高め、インフラ整備や人口・企業誘致などを通じて、都市規模の拡大と地域一体化の強化を目指している。第4に、「自由貿易区・港」[13] はこれまでの制度や慣習を改革し、国際ビジネスを活発化させてグローバル化を促

---

10) 政策の正式名称は「京津冀協同発展規画綱要」（2015年6月）、「中共中央国務院の東北地域等旧工業基地の全面的振興に関する若干の意見」（2016年4月）、「長江経済帯発展規画綱要」（2016年9月）、「粤港澳大湾区発展規画綱要」（2019年2月）である。

11) 具体的には、2018年12月現在、哈長（ハルビン・長春）、成渝（成都・重慶）、長江デルタ（上海・江蘇・浙江・安徽）、中原（河南・河北・山西・安徽・山東）、北部湾（広東・広西・海南）、関中平原（陝西・山西・甘粛）、呼包鄂楡（内モンゴル・陝西）、蘭西（蘭州・西寧）の8つの都市群戦略が公表されている。

12) 2018年12月現在、19カ所の新区が中央政府に認められている（上海浦東、天津濱海、重慶両江、浙江舟山群島、蘭州、広州南沙、陝西西咸、貴州貴安、青島西海岸、大連金普、四川天府、湖南湘江、南京江北、福州新区、雲南滇中、ハルビン、長春、江西贛江、河北雄安）。

13) 2018年12月現在、11カ所の自由貿易区が設立されている（上海、福建、天津、広東、遼寧、浙江、河南、湖北、重慶、四川、陝西）。なお、海南島には自由貿易港の設立を準備している。

進している。自由貿易区で得られた改革の経験などを全国に適用させ，全国レベルの改革と制度の平準化に寄与している。このように，「一帯一路」は，地域経済一体化の促進において「京津冀」，「東北（全面）振興」，「長江経済帯」，「粤港澳大湾区」と共通の目標を持っており，都市群，新区，自由貿易区・港などの戦略と同様に生産要素の自由な移動や効率的な配置の促進を目指している。「一帯一路」は独立した戦略ではなく，中国全体の地域政策の流れの中に位置している[14]。

## 6.2 タテの視点：変化し続ける「一帯一路」

2018年11月29日，中国政府は「中共中央国務院のより有効な地域協調発展の新しいメカニズムの構築に関する意見」（以下「意見」）を公表した[15]。中国における協調的な地域発展の重要性を強調したうえ，「一帯一路」を「京津冀」，「長江経済帯」，「粤港澳大湾区」などの地域戦略とともに「重大戦略」として取り上げた[16]。「一帯一路」については「沿海・内陸・内陸国境地域の協同開放を促進し，国際経済協力を枠組みとして重要なインフラ施設の相互連通を強化し，国内・国際と東部・中部・西部及び南北の調和的な地域発展の新しい局面を構築する」と強調した。「意見」は共産党中央と国務院の連名という最も権威の高い政策文書として公表され，「一帯一路」を国内地域の協調的発展を促すための重要な地域政策であると確認した。これは現時点で「一帯一路」の地域開発の役割に関する中国政府の最新の見解である。振り返ると，この政策は2013年に習近平国家主席によって打ち出された「シルクロード経済帯」と「21世紀海上シルクロード」構想から出発し，徐々に「一帯一路」と呼ばれて中国政府の政策文書に頻繁に取り上げられるようになり，さらに AIIB とシルクロード基金の設立により資金面の期待が高まり，中国の最も重要な国際戦略として見なされた。劉 [2015] や張他 [2015] のように「一帯一路」は地域戦略であるかどうかの議論もあった

---

14) 地域一体化に関連する中国の地域政策の新しい展開の全体像について，穆 [2019] を参照されたい。

15) 詳細は中華人民共和国中央人民政府のホームページ（http://www.gov.cn/zhengce/2018-11/29/content_5344537.htm，2018年12月1日アクセス）を参照されたい。

16) 東北地域については，別途「中共中央国務院の東北地域等旧工業基地の全面的振興に関する若干の意見」として公表されている。

が，本章の考察や上記の「意見」で確認しているように，「一帯一路」は中国の国内政策でも重要な意味を持っており，地域の協調的発展を促す地域戦略の性格を持っている。「一帯一路」は中国における地域政策の新しい展開であり，それ自身も不断に変化している。

## 7　おわりに

　「一帯一路」に関する研究は，日本では中国の国際戦略として捉える議論が多く展開されているなか，本章は同構想が打ち出された中国国内的な要因に着目し，世界銀行の政策枠組みを用いて地域発展戦略としての特徴を明らかにした。その結果，既存の地域発展戦略と比較して，「一帯一路」は実施に移された初めての全国を対象とした地域戦略であり，経済先進地域の沿海部と後進地域の内陸部を繋げて経済要素の自由な移動と効率的な配置を目指し，市場の力が発揮しやすい環境整備に重点を置く「地域一体化」戦略であることを明らかにし，中国の地域開発政策の新しい展開であることを指摘した。また，「一帯一路」は単独の政策ではなく，ほかの様々な地域戦略と密接にリンクしているほか，それ自身も不断に変化している。このように，「一帯一路」はこれまでの地域政策を取りまとめる包括性と基盤性を持ちながら，新しい展開を生み出す創造性と変化性も有していることから，地域開発政策のプラットフォームであると指摘できよう。

　本章は「一帯一路」における陸路についての検証を中心に行ったが，海路における地域発展戦略の側面についても，注目に値するものと考える。海路を対象とする政策の実施は沿海地域における経済密度の向上，産業構造のレベルアップ，企業活動の国際化及びイノベーションの展開に貢献すると考えられるが，その国内的な背景や影響などについて詳細に考察する必要がある。また，財・資本・労働・情報などの要素の自由な移動と効率的な配置の重要性を強調したが，それを計測する具体的な一体化指標と長期的観察方法を提示していない。中国の地域経済に与える「一帯一路」の影響については，政策的な分析に留まらず，経済変化に対する定量的な観測が必要で，後の章で検討していきたい。

【追記】本章は穆 [2016] を大幅に修正・加筆したもので，JSPS 科研費（課題番号 JP17K03754）の助成を受けた研究成果の一部である。

## 参考文献

### 日本語文献

伊藤亜聖［2015］「中国『一帯一路』の構想と実態―グランドデザインか寄せ集めか？」『東亜』No.579（2015年9月号），pp.30-40

大橋俊和［2015］「中国の都市化と一帯一路について」『海外電力』No.58(8)，pp.75-78

加藤弘之［2014］「地域開発政策―新しい経済地理学の観点から」中兼和津次編『中国経済はどう変わったか―改革開放以後の経済制度と政策を評価する』（早稲田現代中国研究叢書）国際書院，pp.55-83

金森俊樹［2015］「『一帯一路』シルクロード・ルネサンスにかける中国の狙い」『国際金融』No.1272，pp.22-29

関志雄［2015］「動き出した『一帯一路』構想：中国版マーシャル・プランの実現に向けて」『野村資本市場クォータリー』No.18(4)，pp.171-175

篠田邦彦［2015］「新シルクロード（一帯一路）構想とアジアインフラ投資銀行（AIIB）：インフラ整備や産業振興を通じた中国の広域経済開発戦略」『アジ研ワールド・トレンド』No.21(5)，pp.37-44

世界銀行［2008］『世界開発報告2009 変わりつつある世界経済地理』2008年，一灯社

朱炎［2015］「中国の対外投資と一帯一路戦略」『東亜』No.579（2015年9月号），pp.20-28

張可雲［2013］「生態文明的な地域経済協調発展戦略:その背景，内容及び政策動向」『ERINA REPORT』No.109，pp.5-14

穆尭芊［2012］「中国における不動産バブルの発生要因:地域発展戦略の視点から」『北東アジア地域研究』No.18，pp.73-86

――［2016］「中国の地域発展戦略から見る『一帯一路』」『北東アジア地域研究』No.22，pp.18-31

――［2018］「第1章 地域開発と都市化―地方主体の地域発展戦略を中心に」岡本信広編『中国の都市化と制度改革』（アジア経済研究所研究双書）pp.35-70

――［019］『中国の地域開発政策の変容―地方主体の展開と実態』（ERINA北東アジア研究叢書9）日本評論社

### 中国語文献

安樹偉［2015］「『一帯一路』対我国区域経済発展的影響及格局重塑」『経済問題』2015年第4号，pp.1-4

陳耀［2015］「『一帯一路』戦略的革新内涵与推進思路」『中国発展観察』2015年第1号，

pp.53-55

程必定［2015］「『三個支撑帯』与区域発展戦略再昇級」『地域経済評論』2015年第4号，
pp.24-26

劉慧，葉尓肯・吾扎提，王成龍［2015］「『一帯一路』戦略対中国国土開発空間格局的影
響」『地理科学進展』Vol.34，No.5，pp.545-553

劉衛東［2015］「『一帯一路』戦略的科学内涵与科学問題」『地理科学進展』Vol.34，No.
5，pp.538-544

世界銀行［2009］『2009年世界発展報告 重塑世界経済地理』（World Development Re-
port 2009 Reshaping Economic Geography）清華大学出版社

肖金成［2015］「『一帯一路』：開放，合作，発展，和平之路」『地域経済評論』2015年第
3号，pp.70-72

張可雲，蔡之兵［2015］「全球化4.0，区域協調発展4.0与工業4.0―『一帯一路』戦略的
背景，内在本質与関鍵動力-」『鄭州大学学報（哲学社会科学版)』Vol.48，No.3，
pp.87-92

張蘊嶺［2015］「如何認識『一帯一路』的大戦略設計」『世界知識』2015年第2号，pp.
28-31

鄭志来［2015］「『一帯一路』戦略与区域経済融合発展路経研究」『現代経済探討』2015
年第7号，pp.25-28及び p.42

## ■第2章■ 地方財政——財政格差の再拡大をどう防ぐか？

町田俊彦

### 1 はじめに

　本章は，財政の観点から「一帯一路」の影響を分析し，地方税収入の地域格差と財政調整機能の実態を明らかにする。1994年の分税制改革を画期とする中国の政府間財政関係については，2000年代初頭までを対象として，張［2001］，内藤［2004］，町田［2006］など豊富な先行研究がある[1]。次のような分析結果でおおむね共通している。分税制改革により，税収配分では地方分散型から中央のシェアが高まって均分型に移行し，中央政府のマクロ調節，地方財政調整の財政能力が強化された。しかし中央政府から地方政府への財政移転の中心が先進地域に傾斜的に配分される税収返還であったために，地方財政調整機能には限界があった。

　分税制改革により国内付加価値税が共通税（配分は中央75％，地方25％）となった。2002年改革により，営業許可権の帰属により配分されていた企業所得税（以下，外商投資・外国企業所得税を含む，1999年実績では中央40％，地方60％）と地方税であった個人所得税が共通税となった。この2つの税の配分比率は，2002年には中央50％，地方50％，2003年からは中央60％，地方40％とされた。張・町田［2017］は，60％以上の税が共有税になり，次第に「協調・統合型」の分権モデルが形成されているとしている[2]。

---

1）張忠任［2001］『現代中国の政府間財政関係』お茶の水書房，内藤二郎［2004］『中国の政府関係の実態と対応—1980〜90年代の対応』日本図書センター，町田俊彦［2006］「〈分税制〉改革後の地域格差と財政調整：中国」持田信樹編『地方分権と財政調整制度—改革の国際的潮流—』東京大学出版会，pp.173-188など。

2）張・町田［2017］「政府間財政関係における集権と分権の課題—理論と実際—」『専修大学社会科学研究所月報』第644号，p.14。

内藤［2014］は，中央政府から地方政府への財政移転の中で税収返還のウエイトが低下したことから地方財政調整機能が強化され，特に2000年代半ば以降は一般補助金（一般性移転支払）の平準化効果が大きいことを明らかにした[3]。徐［2018］の分析では，第1に中央政府から地方政府への財政移転（税収返還を含む）の総額に着目し，そのGDP比が2006年に和諧社会論が提起された後，2009年まで急上昇したことを明らかにした[4]。第2に中央から地方への財政移転を一般性移転支払と特定補助金としての専項移転支払に区分して4地域間の配分を分析し，専項移転支払も一般性移転支払と同様に平準化効果を発揮していることを明らかにした。

習近平国家主席によって打ち出された「一帯一路」構想の下で様々な国家プロジェクトが計画されており，実施に移されている。2008年のリーマン・ショック以降，中国は拡張財政政策の一環として，インフラ整備を加速させている。2018年以降，トランプ米大統領が仕掛けた米中貿易戦争による輸出減退と成長鈍化に対応するために，さらなるインフラ整備による内需拡大策が採用され，「一帯一路」の柱としての交通インフラ整備が加速化しようとしている。大規模なインフラ整備は中央政府が実施するとしても，地方政府の財政負担の拡大も必至である。本章の課題は，財政力が弱い中西部の地方政府が，インフラ整備加速化の受け皿となる財政基盤を保持しているかどうかを検討することである。言い換えると本章は「一帯一路」のプラットフォームとしての頑健性を財政基盤から検討するものである。プラットフォームとして一帯一路を注目した際に，国内に新規の投資プロジェクトが多く発生すると考えられる。地域間におけるバランスの取れた財政基盤の構築は最優先課題であると言っても過言ではない。一般公共予算において受け皿となる財政基盤が脆弱であると，リーマン・ショック後の4兆元対策のように一般公共予算における非税収入，政府性基金における国有土地使用権の譲渡収入への大幅な依存と「地方政府融資平台」を中心とする地方債務の膨張が再現する恐れがある[5]。

---

3）内藤二郎［2014］「財政制度—改革の再検証と評価」中兼和津次編『中国経済はどう変わったか—改革開放以降の経済制度と政策を評価する—』国際書院，pp.113-147。
4）徐一睿［2018］「新常態における中国の政府間財政関係」四方理人ほか編著『収縮経済下の公共政策』慶應義塾大学出版会，pp.155-174。

第2章　地方財政─財政格差の再拡大をどう防ぐか？

表2-1　税収水準による各省のグループ区分

| グループ | 税収水準の対全国格差指数 | 各グループに所属する省（カッコ内は格差指数） |
|---|---|---|
| A | 150以上 | 上海（437），北京（427），天津（222），江蘇（180），浙江（164） |
| B | 100以上150未満 | 広東（148），海南（123），内蒙古（114），福建（110），重慶（105） |
| C | 70以上100未満 | 山東（93），寧夏（83），遼寧（82），新疆（79），湖北（78），青海（76），陝西（74），江西（72） |
| D | 70未満 | 貴州（69），吉林（68），安徽（64），山西（63），チベット（62），四川（62），河北（57），雲南（55），黒竜江（50），湖南（49），河南（48），広西（47），甘粛（44） |

（出所）中国統計出版社『中国統計年鑑』2016年版より作成。

　先行研究は2000年代半ば以降の地方税収入（以下，地方税の収入と共通税収入の地方帰属分の合計）の地域格差の縮小と地方財政調整機能の強化を明らかにしているが，本章は2010年代半ばから局面が変わっているという見方をとる。地域格差の変動の指標としては，4地域（東部，中部，東北，西部）のシェアの変化と各省の人口1人当たり財政収入・支出の変動係数等が使われるが，本章では併せて地方税収水準（以下，水準は人口1人当たり額）の対全国格差指数（全国平均を100とする指数）を基準に各省を4グループに区分，各グループのシェアの変化にも着目する（表2-1参照）。

## 2　地方税収入の地域格差の再拡大

　第1章ですでに言及したように，「一帯一路」は中国国内における地域開発政策であり，地域間における均衡発展は重要な課題の一つである。しかし，近年の地方税収入の地域間格差は再び拡大する方向に転じている。

　人口1人当たり省別地方税収入の変動係数をみると，2000年の1.19から2004～2005年の1.34～1.35へ上昇した後，2010年0.95，2013年0.79と低下しており，2000年代半ばから2010年代初頭には地域格差は縮小している（図2-1参照）。その後2014年を底として2016年の0.93まで上昇しており，2010年代半ばから地域

---

5）2013年における政府支出の会計区分別構成をみると，一般公共予算は63.5％で約3分の2を占め，政府性基金支出は22.8％，社会保障基金支出は13.0％，国有資本経営支出は0.7％を占める。高［2014］，p.159。

図2-1 人口1人当たり地方税収入の省間格差

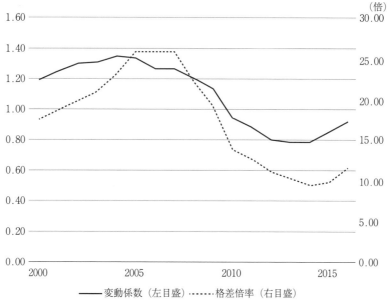

(注)格差倍率は最小値に対する最大値の比率。
(出所)中国統計出版社『中国統計年鑑』各年版より作成。

表2-2 地方税収入の4地域間・税収水準グループ間配分

(%)

|  |  | 2000 | 2005 | 2010 | 2011 | 2012 | 2013 | 2014 | 2015 | 2016 |
|---|---|---|---|---|---|---|---|---|---|---|
| 4地域間配分 | 東部 | 60.0 | 64.0 | 60.4 | 58.8 | 57.4 | 57.1 | 57.7 | 59.8 | 61.1 |
|  | 中部 | 14.4 | 13.2 | 14.3 | 14.6 | 15.3 | 15.8 | 16.0 | 16.1 | 15.8 |
|  | 東北 | 9.2 | 7.6 | 7.7 | 8.1 | 8.3 | 8.0 | 7.1 | 5.4 | 5.2 |
|  | 西部 | 16.4 | 15.1 | 17.7 | 18.5 | 19.1 | 19.2 | 19.2 | 18.7 | 18.9 |
|  | 計 | 100.0 | 100.0 | 100.0 | 100.0 | 100.0 | 100.0 | 100.0 | 100.0 | 100.0 |
| 税収水準グループ間配分 | A | 31.5 | 37.9 | 35.2 | 34.3 | 33.1 | 32.6 | 32.8 | 34.3 | 35.2 |
|  | B | 20.5 | 19.2 | 19.5 | 19.4 | 18.9 | 19.0 | 19.3 | 20.1 | 20.6 |
|  | C | 19.7 | 18.3 | 19.5 | 20.1 | 20.8 | 21.0 | 20.7 | 19.3 | 18.5 |
|  | D | 28.3 | 24.6 | 25.8 | 26.2 | 27.1 | 27.4 | 27.2 | 26.3 | 25.6 |
|  | 計 | 100.0 | 100.0 | 100.0 | 100.0 | 100.0 | 100.0 | 100.0 | 100.0 | 100.0 |

(出所)中国統計出版社『中国統計年鑑』各年版より作成。

第2章 地方財政—財政格差の再拡大をどう防ぐか？

図2-2 税目別人口1人当たり地方税収入の変動係数

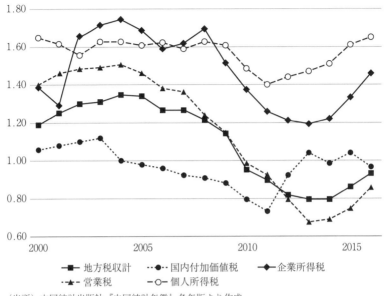

(出所)中国統計出版社『中国統計年鑑』各年版より作成。

格差が再拡大している点が注目される。最低値に対する最大値の倍率を格差倍率としてみると，同様の動きがみられる。

地方税収入の4地域間配分をみると，東部のシェアは2000年の60.0％から2005年の64.0％に上昇した後，2010年60.4％，2013年57.1％と低下したが，2013年を底として2016年の61.1％まで再上昇している（表2-2参照）。一方，中西部のシェアは2010年代半ばから低下に転じている

地方税収入の税収水準グループ間配分をみると，Aグループのシェアは2000年の31.5％から2005年の37.9％に上昇した後，2010年35.2％，2013年32.6％と低下したが，2013年を底として2016年の35.2％まで再上昇している（表2-2参照）。CグループとDグループのシェアは2005～2013年に上昇したが，2014年から低下に転じている。

4地域間配分と税収水準グループ別配分の指標でみても，2010年代半ばには地方税収入の地域格差が再拡大している。

次に税目別に地方税収入の地域格差の動向をみよう。一般に，地方税収入の地

35

域格差は，不動産保有課税→小売売上税→個人所得税→法人所得税の順で大きくなるとみられている。中国の地方税収入の省間格差（2016年，人口1人当たり収入の変動係数）をみると，個人所得税（2015年地方税収入における構成比5.5%）が企業所得税（構成比15.2%）を上回って最も格差が大きい点が注目される（図2-2参照）。先進国では個人所得税が大衆課税であり，地方税では比例税率になっているのに対して，中国では富裕者課税の性格が強く，共通税として累進課税が適用されていることによる。2015年の中国における個人所得税の所得種類別内訳では，給与所得が65.2%で3分の2を占め，利子・配当と財産移転所得（不動産と株式等の譲渡所得）がそれぞれ11%前後を，個人経営の事業所得が5.6%を占めている[6]。所得種類別個人所得税における東部のシェアをみると，利子・配当で72.5%，財産移転所得で78.9%と高い。注目されるのは給与所得課税においても東部が74.5%と圧倒的な割合を占めていることである。

消費課税では，変動係数が国内付加価値税（地方税収入に占める構成比16.1%）で0.96，営業税（構成比30.6%，仕入税額控除を行わない累積課税としての取引高税）で0.85と高いのが特徴的である[7]。アメリカ等の小売売上税は仕向地原則（消費地課税）であるのに対して，中国の大型間接税では納税地による原産地原則で各省に帰属していることによる。

税収の地域格差の2000年代半ば〜2010年代半ばにおける縮小，2010年代半ばからの再拡大は企業所得税，個人所得税，営業税に共通してみられる。国内付加価値税の地域格差は，2003年をピークとして縮小に転じたが，早くも2011年を底として再拡大している。

---

6）中国税務出版社『中国税務年鑑』2016年版より算出。

7）中国の付加価値税は諸外国と同様に仕向地原則で課税され，輸出品には仕入税額を還付するゼロ税率を適用する一方，輸入品には中国の税率を課して輸入付加価値税（中央税）として徴収する。輸出還付額は中央税に控除項目として計上される。国内付加価値税は製造業，鉱業，電力業等，卸売・小売業を，営業税は建設業，運輸業，サービス業，金融業，不動産業を課税対象とする。2012年以降，営業税課税を付加価値税課税に切り替える「営改増」が実施されている。2012〜2013年には交通運輸業と一部のサービス業が，2016年には建築業，金融業，不動産業，生活サービス業が切り替えられた。

第2章　地方財政―財政格差の再拡大をどう防ぐか？

表2-3　中央政府から地方政府への財政移転の規模とウエイト

(億元，%)

| | 中央財政 | | | | | |
|---|---|---|---|---|---|---|
| | 財政支出 | | | 税収<br>(C) | (B)/(A) | (B)/(C) |
| | 支出計<br>(A) | 本級支出 | 財政移転<br>(B) | | | |
| 2000 | 10,185.16 | 5,519.85 | 4,665.31 | 6,892.65 | 45.8 | 67.7 |
| 2005 | 20,259.99 | 8,775.97 | 11,484.02 | 16,051.81 | 56.7 | 71.5 |
| 2010 | 48,330.82 | 15,989.73 | 32,341.09 | 40,509.30 | 66.9 | 79.8 |
| 2011 | 56,435.32 | 16,514.11 | 39,921.21 | 48,631.65 | 70.7 | 82.1 |
| 2012 | 64,126.31 | 18,764.63 | 45,361.68 | 53,295.20 | 70.7 | 85.1 |
| 2013 | 68,491.68 | 20,471.76 | 48,019.92 | 56,639.82 | 70.1 | 84.8 |
| 2014 | 74,161.11 | 22,570.07 | 51,591.04 | 60,035.40 | 69.6 | 85.9 |
| 2015 | 80,639.66 | 25,542.15 | 55,097.51 | 62,260.27 | 68.3 | 88.5 |

(注)　1）財政移転は中央政府から地方政府への財政移転
　　　 2）中央政府の財政支出計は本級支出と財政移転の合計。
(出所)　中国財政雑誌社『中国財政年鑑』2016年版，2018年版より作成。

## 3　地方財政調整機能の強化

　中央政府の地方政府への財政移転を通じる財政調整機能の強度は，財政移転の規模と内容によって決まる。まず財政移転の規模からみよう。中央一般公共予算支出（以下，中央財政支出）は，直接支出としての中央本級支出と地方政府を通じる間接支出としての地方政府への財政移転（以下，税収返還を含む）から成る。中央政府の財政支出に占める財政移転の割合は，2000年45.8％，2005年56.7％，2010年66.9％と上昇し，2011年に70.7％とピークに達した（表2-3参照）。中央政府の税収に対する財政移転の比率は，2000年には3分の2，2005年には7割強，2010年には8割弱と上昇し，2015年には9割弱に達している。

　日本は主要先進国の中で財政支出（中央・地方の歳出の重複分を除いた純計）に占める地方政府の直接支出（中央政府への財政移転を除いた額）の割合が3分の2と突出して高く，「分散型」と呼ばれる。日本の「分散型」政府間財政関係を支えるのが，主要先進国と比較して太い財政移転のパイプであり，中央政府の財政支出の2分の1を占める。「分散型」政府間財政関係と規模の大きな財政移転という特質が，中国では日本よりも強く現れている。

　中央政府から地方政府への財政移転の内訳をみると，1994年の分税制改革後，

37

当初は「税収返還」を中心としていたが，2000年代半ば以降一般補助金（一般性移転支払）と特定補助金（専項移転支払）を中心としたものへ移行しており，特に2010年代には一般補助金のウエイトが急上昇している。財政移転の構成変化には，2000年代半ば以降の地方財政機能の強化が示されている。

2015年の一般性移転支払の内訳をみると，中心は日本の地方交付税に近い均衡性移転支払であり，3分の2を占める[8]。専項移転支払が財政調整機能を発揮するのは，第1に事業別構成で後進地域に傾斜的に配分される農林水産支出が首座を占めることによる。第2に教育補助金を中心に財政力に応じて，国の負担割合に格差をつける「差等補助金」が導入されていることによる[9]。教育補助金では，中央と地方の経費負担割合は，西部地域では8対2，中部地域では6対4，東部地域では直轄市を除き各省の財力に応じて確定する。校舎の改修費用については，中部・西部では中央と地方の負担割合が5対5，東部では全額地方負担とする。また経済的に困難な家庭出身の児童・生徒に教科書を無償配布する経費は，中部・西部では中央政府が全額負担し，東部地域では地方政府が全額負担する。

中央政府から地方政府への財政移転の地方財政調整機能の強化は，その4地域間・税収水準グループ間配分に現れている。4地域間配分では，2000年には東部と西部の比率は33％で同率であったが，2015年に東部比率は21.2％へ下落し，西部の比率は東部の約2倍の41.7％まで高まっている（表2-4参照）[10]。中部の比率も上昇しているが，東北の比率は低下している。

地方財政調整機能の強化は，税収水準グループ間配分では一層顕著に現れている。2000年には税収水準が最も低いDグループに45％，2番目に低いCグループに25％，合わせて70％が配分されていた。2000〜2015年にDグループのシェアは44.9％から54.8％に約10ポイントも上昇した。2015年にはDグループとCグルー

---

8）徐一睿［2018］，pp.162-165。

9）教育補助金における差等補助金については，徐一睿［2010，pp.168-169］，文部科学省［2007，p.271］による。

10）徐芸［2016］では，財政移転の県レベルの地域間配分を分析している。県レベルでは一般性移転支払の地域間配分において，2005〜2009年に東部のシェアが37.2％から29.0％へ低下し，西部のシェアが32.8％から37.0％へ上昇している（p.87）。専項移転支払の配分においても，東部のシェアが38.1％から29.2％へ低下し，西部のシェアが35.2％から41.9％へ上昇している（p.88）。

第2章　地方財政─財政格差の再拡大をどう防ぐか？

表2-4　中央政府から地方政府への財政移転の4地域間・税収水準グループ間配分

(%)

| | | 2000 | 2005 | 2010 | 2015 |
|---|---|---|---|---|---|
| 4地域間 | 東部 | 32.5 | 28.0 | 23.9 | 21.2 |
| | 中部 | 20.5 | 23.6 | 25.8 | 26.2 |
| | 東北 | 13.8 | 13.1 | 11.3 | 10.8 |
| | 西部 | 33.2 | 35.3 | 39.0 | 41.7 |
| | 計 | 100.0 | 100.0 | 100.0 | 100.0 |
| 税収水準グループ間 | A | 17.3 | 12.7 | 9.4 | 7.3 |
| | B | 13.3 | 12.9 | 12.2 | 11.8 |
| | C | 24.5 | 25.1 | 25.5 | 26.1 |
| | D | 44.9 | 49.2 | 52.9 | 54.8 |
| | 計 | 100.0 | 100.0 | 100.0 | 100.0 |

(出所) 中国統計出版社『中国統計年鑑』2001年版, 2006年版, 2011年版, 2016年版より作成。

プに合わせて80％以上が配分されており，中央政府から地方政府への財政移転のほとんどは財政力が低い省へ集中的に配分されている。

　中央政府の「一帯一路」構想が提起されることによって，政府間財政移転の重要性が増しており，今後，「地域一体化」の促進に向けて，中央政府と地方政府がそれぞれどのような役割を果たすのか，そして，政府間財政調整がどのように機能するかについて，さらなる分析が必要である。

## 4　地方財政調整機能の限界

　2000年代半ば以降，地方財政調整機能は強化されたものの，限界も現れている。地方一般公共予算収入計（以下，地方財政収入計）は，本級収入（税収と非税収入の合計）と中央からの財政移転から成る。地方財政に地方債収入，前年度剰余金繰越を加えると地方財政収入総計になる。注目されるのは，中央財政支出に占める財政移転の割合が上昇しているにもかかわらず，地方財政収入計に占める財政移転の割合は2000年代後半に42.5〜46.7％で推移し，2004年の水準を超えていないことである（表2-5参照）。その割合は地方税収入の地域格差が再拡大した2010年代には緩やかに低下し，2015年は39.9％と4割を割っている。

　地方政府がますます多くの行政事務負担を課せられ，政府間財政関係が「分散型」の性格を強めたにもかかわらず，中央政府から地方政府への財政移転は不十

### 表 2 - 5　地方財政の総収入に占める財政移転の割合の推移

(億元, %)

| | 地方財政総収入 | | | 税収<br>(F) | (E)/(D) | (E)/(F) |
|---|---|---|---|---|---|---|
| | 収入計<br>(D) | 本級収入 | 財政移転<br>(E) | | | |
| 2000 | 11,071.37 | 6,406.06 | 4,665.31 | 5,688.86 | 42.1 | 82.0 |
| 2001 | 13,805.25 | 7,803.30 | 6,001.95 | 6,962.76 | 43.5 | 86.2 |
| 2002 | 15,866.77 | 8,515.00 | 7,351.77 | 7,406.16 | 46.3 | 99.3 |
| 2003 | 18,111.39 | 9,849.98 | 8,261.41 | 8,413.27 | 45.6 | 98.2 |
| 2004 | 22,301.33 | 11,893.37 | 10,407.96 | 9,999.59 | 46.7 | 104.1 |
| 2005 | 26,584.78 | 15,100.76 | 11,484.02 | 12,726.73 | 43.2 | 90.2 |
| 2006 | 31,805.03 | 18,303.58 | 13,501.45 | 15,233.58 | 42.5 | 88.6 |
| 2007 | 41,710.51 | 23,572.62 | 18,137.89 | 19,252.12 | 43.5 | 94.2 |
| 2008 | 51,640.55 | 28,649.79 | 22,990.76 | 23,255.11 | 44.5 | 98.9 |
| 2009 | 61,166.38 | 32,602.59 | 28,563.79 | 26,157.44 | 46.7 | 109.2 |
| 2010 | 72,954.13 | 40,613.04 | 32,341.09 | 32,701.49 | 44.3 | 98.9 |
| 2011 | 92,468.32 | 52,547.11 | 39,921.21 | 41,106.74 | 43.2 | 97.1 |
| 2012 | 106,439.97 | 61,078.29 | 45,361.68 | 47,319.08 | 42.6 | 95.9 |
| 2013 | 117,031.08 | 69,011.16 | 48,019.92 | 53,890.88 | 41.0 | 89.1 |
| 2014 | 127,467.62 | 75,876.58 | 51,591.04 | 59,139.91 | 40.5 | 87.2 |
| 2015 | 138,099.55 | 83,002.04 | 55,097.51 | 62,661.93 | 39.9 | 87.9 |

（注） 1 ）財政移転は中央政府から地方政府への財政移転。
　　　 2 ）地方財政の総収入は本級収入と財政移転の合計。
（出所）中国財政雑誌社『中国財政年鑑』2016年版，2018年版より作成。

分であった。一般公共予算における地方政府の対応は，非税収入への大幅な依存である。本級収入に占める非税収入の割合は2010年には19.5%の高さを示したが，2010年代には上昇に転じ，2015年には24.5%と 4 分の 1 に高まっている（図 2 - 3 参照）。2015年の非税収入の内訳をみると，専項収入（特別プログラム収入）が31.5%で首座を占め，国有資産有償使用収入25.7%，行政事業性使用料21.7%の順となっている。特徴的なのは，非税収入への依存度は税収水準が低いグループほど高いことである。財政移転の配分において税収水準が低いグループのシェアが高まったにもかかわらず，非税収入への依存度の税収水準グループ間の格差はあまり変わっていない。この点に地方財政調整機能の一貫した限界が現れている。

　一般公共予算の外側の政府性基金における国有土地使用譲渡金収入への依存も高まった[11]。「土地財政」の中核を占めるのは国有土地譲渡金収入であるが，地方税収入の拡大にも寄与している。胡［2016］は，土地取引・保有の財政収入へ

第2章　地方財政—財政格差の再拡大をどう防ぐか？

図2-3　地方財政の本級収入に占める非税収入の割合

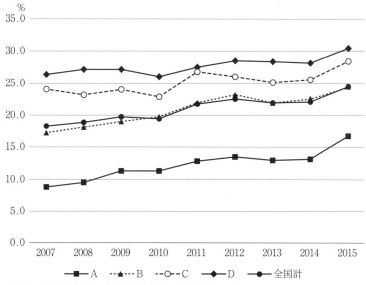

（出所）中国統計出版社『中国統計年鑑』各年版より作成。

の寄与を次のように整理している[12]。

　　開発段階…土地使用権譲渡金，土地増値税（土地のキャピタルゲイン課税）
　　　　及び耕地占用税
　　保有段階…都市土地利用税，家屋税
　　取引段階…契税

　地方税収入の科目別構成をみると，共通税3税の比率は2005～2015年に45.9%から36.8%へ低下している。一方，土地取引と関連した地方税としての都市土地使用税の比率が1.1%から3.4%へ，耕地占用税が1.1%から3.3%へ上昇している。地方税としての営業税の比率は「営改増」の改革の影響が現れるまでは比率を高めているが，産業別内訳をみると不動産業の比率が2003年21.5%，2010年27.7%

---

11) 地方政府の国有土地使用権譲渡金については徐一睿［2014］，pp.105-133で分析されている。最近の対応としては，公私連携（PPP）による社会資本整備が行われている。徐一睿［2017］，pp.89-103を参照されたい。
12) 胡［2016］，p.82。

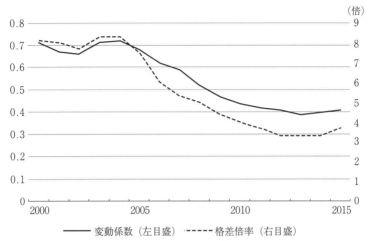

図2-4 人口1人当たり財政支出の省間格差

(出所)中国統計出版社『中国統計年鑑』各年版より作成。

と急上昇しており、ここにも「土地財政」が現れている[13]。

中央から地方への財政移転の財政調整効果は、地方財政支出の省間格差の縮小として現れる。図2-4は財政支出(一般公共予算支出)の人口1人当たり額(以下、支出水準と呼ぶ)の省間格差の推移を示している。人口規模と人口密度が著しく小さいために、極端に高い数値を示すチベット自治区を除く30行政区を対象として、変動係数と格差倍率を算出している。いずれの指標でみても、2005年以降2010年代初頭にかけて、地方財政支出水準の省間格差は急速に縮小している。しかし2010年代の半ばには、地方財政支出の地域格差の縮小にはブレーキがかかっており、この時期に顕在化した地方財政調整機能の限界を示している。地方税収入の地域格差が再拡大し、中央政府からの財政移転の本級収入に占める比率が低下するという条件の下では、非税収入への依存度を高めたとしても、地方財政支出の地域格差の縮小にブレーキがかかるのは避けられないのである。

地方財政調整機能の限界は、地方財政支出の面にも現れている。人口1人当たり地方財政支出の省間格差は、2000年代半ば〜2010年代初頭に縮小したが、2010年代半ばにはなお大幅な格差がほぼ固定化している(図2-4参照)。限界は4地

---

[13) 中国税務出版社『中国税務年鑑』2003年版、2011年版より算出。

第2章　地方財政─財政格差の再拡大をどう防ぐか？

表2-6　地方財政支出の4地域間・税収水準グループ間配分

(%)

| | | 2000 | 2005 | 2010 | 2015 |
|---|---|---|---|---|---|
| 4地域間 | 東部 | 45.5 | 46.0 | 40.9 | 42.2 |
| | 中部 | 18.5 | 18.7 | 20.4 | 21.1 |
| | 東北 | 11.1 | 10.4 | 9.9 | 7.8 |
| | 西部 | 24.9 | 24.9 | 29.0 | 28.9 |
| | 全国計 | 100.0 | 100.0 | 100.0 | 100.0 |
| 税収水準グループ間 | A | 21.6 | 24.2 | 21.0 | 20.9 |
| | B | 18.2 | 16.7 | 15.8 | 17.4 |
| | C | 22.1 | 21.9 | 23.0 | 22.7 |
| | D | 38.0 | 37.2 | 40.2 | 39.0 |
| | 全国計 | 100.0 | 100.0 | 100.0 | 100.0 |

(出所) 中国統計出版社『中国統計年鑑』2001年版, 2006年版, 2011年版,
中国財政雑誌社『中国財政年鑑』2016年版より作成。

域間・税収水準グループ間配分にも現れている（表2-6参照）。4地域間配分では，2005〜2010年には東部の比率が大幅に低下した半面，西部の比率が大幅に上昇した。2010〜2015年には東部の比率が上昇に転じた半面，東北の比率が低下し，西部の比率は横ばいになっている。税収水準グループ間では，2005〜2010年にはAグループの比率が低下した半面，CグループとDグループの比率が上昇している。2010〜2015年には，Bグループの比率が上昇した半面，CグループとDグループの比率が低下している。

## 5　持続可能な「一帯一路」に向けた財政改革提案

　第3章でもみるように，国内のインフラ整備は地方政府が主体的に行っている。上記でも分析したように，地方財政は脆弱化している。また，「一帯一路」政策が中国の全域をカバーする政策であれば，地域間における協調的発展は必要不可欠である。今後，「一帯一路」政策の展開にともない，地方政府の安定した財政基盤の構築が急務である。本節では，地方税収格差の是正，そして，地方財政支出格差の縮小に向けて，税制，そして，政府間財政関係の視点から，改革の試案を提示する。

## 5.1　税収格差の経済力格差への感応度が強い中国の税制

　租税収入の地域格差について，中国は31省，日本は47都道府県の人口1人当たり税収の格差倍率という簡単な指標を使って，中国と日本を比較してみよう。中国の共通税・中央税・地方税を合わせた税収総額の格差倍率は2013年に14.1倍である。日本の国税・地方税を合わせた税収総額の格差倍率は2013年度に6.2倍であり，中国の格差倍率は日本の2.3倍に達する。格差倍率の大幅な差異の主因としては経済力の地域格差の大きさの違いが考えられる。2013年の人口1人当たり域内総生産の格差倍率をみると，中国では4.1倍，日本では2.6倍であり，中国の格差倍率は日本の1.6倍である。中国においては，地域間の経済力格差だけでは説明できないほど大きな税収格差があり，税収格差の経済力格差への感応度が日本よりも高い。

　税収の地域格差の中国と日本との差は地方税収入では一層顕著である。中国の地方税収入の格差倍率は最も低かった2014年に9.5倍である。日本の格差倍率は国税（徴収した税務署の管轄区域に応じて都道府県に帰属）の10.0倍に対して，地方税収入では2.7倍にとどまっている[14]。中国では地方税収入の地域格差が経済力格差を大幅に上回っているのに対して，日本では経済力格差と地方税収入の地域格差は同水準になっている。

　日本では，「税収偏在是正措置」として地方税収格差の経済力格差への感応度を低める「緩衝装置」が設定されている。その主な措置は次の通りである[15]。

①地方税体系の変更…道府県税体系において地域格差が大きな法人所得課税のウエイトを引き下げ，付加価値税（地方消費税）と個人所得課税のウエイトを引き上げ。

②複数の地方政府に立地する大企業の法人事業税の課税標準の分割基準の変更…従業者数基準を2分の1に引き下げ，事業所基準2分の1を導入。2分の1については，従業者が集中している本社所在地（ほとんどが東京都）と従業者数が少ない地方の支店・営業所所在地に同額を配分。

③個人所得課税の3段階税率から比例税率化…3段階税率では，高所得層が多い

---

14）参議院総務委員会調査室編［2015］，p.384-385より算出。

15）日本における地方税の「偏在是正措置」については，町田俊彦［2016］，p.27-43を参照されたい。

第2章 地方財政―財政格差の再拡大をどう防ぐか?

大都市地域の方が高い税率を適用される住民が多いため，比例税率よりも税収水準が高い。

④付加価値税（地方消費税）を仕向地（消費地）原則で配分。

付加価値税が地方税となっている主要国は日本とカナダだけである。ドイツでは付加価値税（およびその前身の取引高税）は中国と同様に共通税となっている。日本の「税収偏在是正措置」で中国に示唆を与えるのは④である。日本の地方消費税（地方付加価値税）では，「仕向地原則」を適用するために清算方式を採用している。大型間接税は企業が納付するが，最終的に負担するのは消費者であるから，地方自治体間の配分では「仕向地原則」を適用するのが望ましいからである。地方消費税は国の税務署により本社で徴収され，徴収地の都道府県に配分される。大企業本社が東京都に集中しているために，納付地ベースでは人口1人当たり地方消費税の都道府県間格差倍率は約7倍になる。その上で仕向地原則により小売販売額といった消費に関する指標と人口を用いて最終的な帰属地が決定される。東京都は国から配分された地方消費税の6割以上を清算方式により他の道府県へ再配分する。この清算を行った後の地方消費税の格差倍率は約2倍に縮小する。

一方，中国では共通税としての（国内）付加価値税の各地方政府への帰属は，原産地原則を適用して納付地へ配分される。その結果，2016年の国内付加価値税の省間の格差倍率は55倍（人口規模が著しく小さい3省・自治区を除くと21倍）に達している。同じ大型間接税としての営業税も納付地へ配分され，省間の格差倍率は11倍に達している。付加価値税と営業税は合わせて地方税収入の約2分の1を占める。地方税収入の中核を占める大型間接税が，最終消費者の所在地ではなく，納付企業の所在地によって配分されていることは，中国の地方税収格差の経済力格差への感応度を高めている主要な要因である。

## 5.2 改革提案：人口基準による付加価値税・営業税の地域配分

中央政府の支出のうち財政移転に充当する比率は7割で限度に達している。財政移転の配分では4分の3がCグループとDグループに配分されており，税収水準が低いグループへの傾斜的配分も限度に達している。地方財政支出の格差を大幅に縮小する上で，財政調整機能の強化には限界がある。2010年代半ばに再拡大に転じた地方税収の地域格差の大幅な縮小を主要な政策課題としなければならな

45

い。その場合，経済力の地域格差と地方税収の地域格差との間に緩衝装置を設定するのが有効であり，ターゲットとなるのは，大型間接税としての国内付加価値税と営業税である。

　主要先進国において，中国と同様な共通税システムを採用しているのはドイツのみである。戦後，旧西ドイツでは連邦は取引高税（累積課税で中国の営業税に相当），関税等，州には所得税，法人税，自動車税等，市町村には企業税としての営業税等という税源分離システムが導入された。伸張性に富む所得税，法人税を欠く連邦は財源難に見舞われ，所得税と法人税が帰属する州から連邦へ「逆交付税」が配分された。

　1950年代半ばに安定的な税源配分システムを構築するために，連邦が徴収する取引高税（1968年に EEC 指令により付加価値税へ転換）と州が徴収する所得税・法人税の 3 税についての共通税システムが採用された[16]。配分比率は，所得税については連邦42.5％・州42.5％・市町村15％，法人税については連邦50％・州50％で固定されているが，付加価値税については連邦と州の間の経費分担の変化に対応して毎年度変更される。2018年における付加価値税の配分は，連邦49.4％，州48.3％，市町村（企業課税としての営業税の一部を拠出する見返りに配分）2.2％となっている[17]。

　注目されるのは，ドイツでは付加価値税の州への帰属分の各州への配分は，仕向地原則によりつつ人口基準を使っていることである[18]。旧西ドイツ地区と旧東ドイツ地区の所得格差・消費格差を考慮すると，人口基準による配分は消費基

---

16）累積課税としての取引高税については，取引段階が多い企業の負担が重く，垂直的統合を促して中立的ではないという欠陥が指摘される。ただし EEC で取引高税から付加価値税への転換が行われたのは，国際競争力上の中立性確保のためである。仕向地原則により輸出還付が行われるが，取引高税では輸出品に含まれる仕入税額は取引段階の数により異なり透明性に欠ける。加盟国の間で輸出還付を過大に行って輸出補助金を与えているのではないかという相互不信が生じた。そこで加盟国が輸出品に含まれる仕入税額が透明な付加価値税への転換を統一的に行うこととしたのである。中国における「営改増」はサービス経済化の促進を狙いとしている。高［2014］は，重複課税の営業税と重複課税が行われない付加価値税の併存は，営業税が適用されるサービス産業の発展を抑制し，産業構造の「逆行調整」をもたらしているとしている（p.232）。EEC および後の拡大 EU の付加価値税の採用は国際協調を狙いとしており，国内の産業構造政策として行われたわけではない。「営改増」に産業構造の転換を促進させる目立った効果があるかどうかは不明である。

17）Bundesministerium der Finanzen, *Finanzbericht 2018*

46

第2章　地方財政─財政格差の再拡大をどう防ぐか？

表2-7　改革案の効果

| | | 地方財政・税収 | | 税収＋財政移転 | |
|---|---|---|---|---|---|
| | | 現行制度 | 改革実施後 | 現行制度 | 改革実施後 |
| 省　　間<br>格　　差 | 変動係数 | 0.85 | 0.49 | 0.61 | 0.31 |
| | 格差倍率（倍） | 9.9 | 4.3 | 3.9 | 2.3 |
| 4 地域間<br>配分（％） | 東部 | 59.9 | 49.5 | 42.3 | 36.8 |
| | 中部 | 16.1 | 21.1 | 21.4 | 24 |
| | 東北 | 5.4 | 6.7 | 8.2 | 8.8 |
| | 西部 | 18.6 | 22.7 | 28.2 | 30.4 |
| | 計 | 100.0 | 100.0 | 100.0 | 100.0 |
| 税収水準<br>グループ間<br>配分 | A | 34.3 | 24.5 | 21.9 | 16.6 |
| | B | 20.1 | 18.4 | 16.5 | 15.5 |
| | C | 19.3 | 21.3 | 22.0 | 23.1 |
| | D | 26.2 | 35.9 | 39.6 | 44.8 |
| | 計 | 100.0 | 100.0 | 100.0 | 100.0 |

（出所）中国統計出版社『中国統計年鑑』2016年版より作成。

準による配分よりも旧東ドイツ地区に有利であり，仕向地原則に地方税レベルにおける財政調整機能を加味した方式といえよう。

　日本の地方消費税もドイツ方式へ接近しつつある。日本の地方消費税の都道府県間の清算では，仕向地原則により①小売年間販売額とサービス業対個人事業収入額の合算額で75％，②人口で17.5％，③その他（従業者数）で7.5％を配分してきた。2018年度改正では①の消費基準の比率を50％に引き下げ，②の人口基準比率を50％へ大幅に引き上げている。

　都道府県に清算後に帰属した地方消費税の2分の1は市町村に配分されるが，地方消費税率1％分の配分基準は1/2人口，1/2従業者数であった。地方消費税率が2014年4月に1.7％引き上げられ，2019年10月には2.2％への引き上げが予定されているが，税率引き上げによる増収分については人口基準のみで市町村に配分される。その結果，地方消費税の市町村への交付金の4分の3以上は人口基準により配分される。

　中国において地方税収入の地域格差を大幅に縮小する方策として，国内付加価値税と営業税の地域配分にドイツ方式の人口基準を適用することを提案する。ま

---

18）付加価値税の州帰属額のうち最大25％は財政力弱体州に配分され，残りの額は人口比で配分される。

ず税収の3分の1に適用，次いで3分の2，一定年数経過後に全面的に適用とい
う移行措置が考えられる。

改革の効果を試算すると，地方税収入の省間の格差倍率は9.9倍から4.3倍に圧
縮する。（表2-7参照）。4地域間配分では，東部が10.4ポイント低下する一方，
中部が5.0ポイント，西部が4.1ポイント上昇する。地方財政支出の地域格差に反
映するのは，地方税収入と財政移転の合計の地域格差である。財政移転の地域配
分は現行と変わらないものとする。省間の格差倍率は3.9倍から2.3倍に縮小する。
4地域間配分では東部が5.5ポイント低下し，中部が2.6ポイント，西部が2.3ポ
イント上昇する。ここでも財政調整効果が大きいことが示されているのは税収水
準グループ間配分であり，Aグループの低下5.3ポイントは，ほとんどがDグル
ープの上昇5.2ポイントにより吸収される。

省に帰属する国内付加価値税と営業税について，日本の地方消費税交付金に準
じて，省の帰属分の一定の割合を人口基準で省内の地級市，県などに配分すれば，
各省レベルで地方財政調整制度を構築するよりは，省以下の財政調整について展
望が拓ける。

国内付加価値税と営業税の各省への帰属を現行の原産地原則から仕向地原則に
財政調整を加味した方式に改革することは，経済力格差と地方税収入との間に緩
衝装置を設定することを通じて，財政力格差の縮小に大きく寄与しよう。


# 6　おわりに

中国の分税制改革後2000年代初頭までの政府間財政関係の特質は，①歳入の決
定に関する集権制（地方は税率決定権と起債権限をもたない），②税収配分にお
ける「均分型」，③歳出配分における「分散型」，④地方財政調整機能が弱い中央
から地方への財政移転にあった。

2000年代に，②の税収配分では「均分型」の枠内で地方のシェアが上昇した。
地方が行う事務は拡大，歳出配分における「分散型」という性格はさらに色濃く
なった。税収配分と歳出配分のギャップが拡大，それを埋めたのが中央支出の中
でのウエイトを高めて総額が膨張するとともに，地方財政調整機能を高めた中央
から地方への財政移転であり，④は大幅に変容した。中央から地方への財政移転
が傾斜的に配分されたにもかかわらず，税収水準が最も低いグループに属する省

では非税収入への依存度を高めざるをえなかった。

　2000年代に中央から地方への財政移転の膨脹と地方財政調整機能の強化が効果を発揮して，地方財政支出の地域格差は縮小したものの，なお格差は大きいまま，2010年代半ばには縮小にブレーキがかかっている。中央から地方への財政移転の地方財政調整機能の強化は，限界に達していると考えられる。総額確保の面では中央の財政支出の７割が充当されているからそれ以上の引き上げは困難であろうし，地域間配分においては，税収水準が低いグループのシェアが４分の３に達していてこの比率を大幅に引き上げる余地は狭いと考えられる。

　第３章でも分析されるように，「一帯一路」政策以前から，内陸部におけるインフラ整備が急速に進められてきた。土地に依存した財政システムのもとで，インフラ整備の財源は土地に依存する一面が極めて強い。本章でも分析されたように「一帯一路」政策のもとで，さらなるインフラ建設のために地方政府が担う財政基盤は財政力が弱い中西部では脆弱である。『日本経済新聞』2018年８月15日付によると，地方財政健全化を目的に2017年に投資の新規承認が凍結されたが，吉林省では地方政府が投資主体の地下鉄の新規建設計画の承認が再開されたという。「一帯一路」の国外側面からみても，マレーシアにおけるマハティール政権（2018年５月発足）のインフラ整備計画の見直しなど，国外的側面は予測しにくい。国内のインフラ整備の側面が強まると考えられることから，地方政府における債務累積の再燃が懸念される。

　「一帯一路」の国内的側面である地域のインフラ整備の持続性を鑑みて，本章では国内付加価値税と営業税の各省への帰属を現行の原産地原則から仕向地原則に地方財政調整機能を加味した人口基準方式への改革を提案した。改革により，経済力格差と地方税収入との間に緩衝装置を設定することを通じて財政力の地域格差の縮小に大きく寄与する。併せて，景気刺激策の拡大による「一帯一路」の中核に位置する交通インフラの加速化を地方政府が担う財政基盤が強化されよう。

## 参考文献
### 日本語文献
徐一睿［2010］『中国の財政調整制度の新展開―「調和の取れた社会」に向けて―』日本僑報社

――［2014］『中国の経済成長と土地・債務問題―政府間財政システムによる「競争」

と「調整」―』慶應義塾大学出版会

―― ［2017］「中国の都市化進展と社会資本整備財源―公私連携（PPP）の可能性―」
専修大学社会科学研究所編『社会科学年報』第51号，pp.89-103

―― ［2018］「新常態における中国の政府間財政関係」（四方理人ほか編著『収縮経済下
の公共政策』慶應義塾大学出版会，pp.155-174

張忠任［2001］『現代中国の政府間財政関係』お茶の水書房

張忠任／町田俊彦［2017］「政府間財政関係における集権と分権の課題―理論と実際―」
『専修大学社会科学研究所月報』第644号，pp.1-20

内藤二郎［2004］『中国の政府関係の実態と対応―1980～90年代の対応』日本図書セン
ター

―― ［2014］「財政制度―改革の再検証と評価」中兼和津次編『中国経済はどう変わっ
たか―改革開放以降の経済制度と政策を評価する―』国際書院，pp.113-147

町田俊彦［2006］「〈分税制〉改革後の地域格差と財政調整：中国」持田信樹編『地方分
権と財政調整制度―改革の国際的潮流―』東京大学出版会，pp.173-188

―― ［2016］「〈東京一極集中〉下の地方税収入の地域格差と税収偏在是正措置　下」地
方自治総合研究所『自治総研』第42巻第7号，pp.26-67


**中国語文献**

高培勇［2014］『財税体制改革与国家治理現代化』社会科学文献出版社

胡海生［2016］『中国土地財政収入：影響因素和政策改革研究』中国財政経済出版社

徐芸［2016］『転移支付対中国県級財力差距的影響研究』中国社会科学出版社


**政府資料，統計書**

〈日本〉

文部科学省［2007］『諸外国の教育の動き2006』

参議院総務委員会調査室編［2015］『地方財政データブック』2015年版

〈中国〉

中国財政雑誌社『中国財政年鑑』各年版

中国税務出版社『中国税務年鑑』各年版

中国統計出版社『中国統計年鑑』各年版

〈ドイツ〉

Bundesministerium der Finanzen, *Finanzbericht 2018*

## ■第3章■ インフラ整備──地域間の格差是正に寄与しているか？

徐一睿

## 1 はじめに

　2013年9月と10月に習近平総書記がカザフスタンとインドネシアを訪問する際に，「シルクロード経済帯」と「21世紀海上シルクロード」の2大構想を次々に打ち出してから，「一帯一路」構想の進展が，中国国内外で注目されている。中国最大の学術検索エンジンのCNKI（中国知網）で学術誌を中心に「一帯一路」の検索をかけてみると，2018年9月15日までに，合計5万600本の関連論文をヒットしている。2014年にはわずか1012本だったものが，2015年には1万2914本，2016年には1万3815本，2017年には2万1216本を記録している。2015年3月に国家発展改革委員会・外交部・商務部が連名で「シルクロード経済帯と21世紀海上シルクロードを共同で建設することを推進するビジョンと行動」を公表したこと，そして，2017年5月に北京で開かれた「一帯一路」国際協力フォーラムが中国政府によって主催されたことを受けて，中国国内における研究ブームが一気に拡大したと見られる。さらに，これらの論文のうち，中文核心期刊と社会科学引分索引（CSSCI）期刊に絞った検索をかけると，合計6879本の論文が検索できる。近年，これらのコアジャーナルに掲載される研究も確実に増えてきている。また，被引用の数でこれらの論文を見てみると，最も引用されている論文のほとんどは国際関係，地縁政治，経済のグローバル化，経済協力といった内容である。こうした動きは日本でも見られる。国立情報学研究所の日本論文検索サイト CiNii で「一帯一路」をキーワードで検索したところ，2018年9月15日現在，合計276本の論文が検索できる。そのほとんどは国際関係論の視点から発するものであった。

　「一帯一路」は，多くの研究者が注目しているように，アジアインフラ投資銀行（AIIB）の設立やシルクロード基金の創設など，多くのビッグイベントを経

て，中国の対外戦略の一面が強いインパクトを持つようになった。しかし，その「一帯一路」構想が提起された当初は，対外戦略はもちろんだが，それよりも国内の地域政策の一面が鮮明であった。特に，地域間格差の是正という大きく重要な地域政策の課題を「一帯一路」の提起で解決の糸口を探ろうとするものであった。しかし，多くの「一帯一路」に関する先行論文をサーベイしたところ，「一帯一路」を中国の国内問題として，特に地域間格差の是正に関しての先行研究は少なかった。序章で言及したように，「一帯一路」を一つのプラットフォームとしてみた場合，それは中国国内の地域間格差を縮小する機能があるかどうかを検討する必要がある。

　本章では，以上の問題意識を踏まえて，地域格差の是正に重要な役割を果たすインフラ整備の地域的進展を焦点に，固定資産投資のストックとフローのデータを利用して，中国国内におけるインフラ関連の固定資産投資の地域特性について検証を行う。「一帯一路」構想を中国国内の地域政策として位置付け，この構想が中国の国内のインフラ整備にどのような影響を及ぼしているか，さらに地域間の格差はどのように変化しているか，そして，インフラの財源調達をする際に，PPP（公私連携）がどのような役割を果たしているかについて考察する。

## 2　中国におけるインフラ整備の歴史的推移

　1980年代以降，インフラ投資による経済成長への促進効果に対する学術界の関心が高まっている。Murphy et al. [1989]，Barro [1990]，Barro & Sala-i-Martin [1992] などは経済理論を用いてインフラの経済成長に与える影響を論証した。Aschauer [1989a, 1989b, 1989c, 1993]，Canning [1999]，Straub [2008a, 2008b]，Fedderke & Bogetic [2009] などは統計データを用いて，インフラ投資による経済成長にもたらす効果を検証した。以上の研究をまとめると，インフラ投資が経済成長にもたらす影響は主に2つにまとめられる。1つは，インフラ投資による経済成長に与える直接的な影響，もう1つは，インフラ投資が製造業などの発展を支え，それによって経済成長に与える影響である。吉野・中東 [2000] では，戦後日本の社会資本の経済効果について論証し，戦後日本における社会資本投資による経済効果は1970年までマクロ的効果が大きかった。Chatterjee [2005]，Straub et al. [2008]，Sahoo et al. [2010] などは1990年代以後中国

のインフラ投資による中国経済に与える影響を検証した。彼らの研究をまとめると，中国におけるインフラの量的そして質的成長が中国の製造業における生産及び流通コストを減らし，中国を世界の工場に押し上げ，中国で見られる「成長の奇跡」に大きく寄与した，と指摘する。

　インフラの状況を把握する際に，毎年新たに追加されるフローと一国全体のインフラ保有量としてのインフラストックがある。金［2012］は中華人民共和国が建国後の1953年から2008年までの長期にわたるインフラストックがどのように変化してきたかに関する推計を行った。金［2012］の推計から得られたデータをもとに，中国における長期のインフラストックと実質 GDP 成長の相関関係を確認できる。彼の分析によると，建国以降の中国を大きく分けて３つの時期に分類することができる。第１期は1953年から改革開放の1978年までの26年間である（図3-1）。この時期のインフラストックの平均増加率は7.1％，それに対して実質 GDP の平均増加率は5.8％，インフラストックの平均増加率は実質 GDP の平均増加率を超えるものの，1959年の大躍進による経済の混乱期など一部の時期を除けば，２つの増加率はほぼ同じ傾向で推移していた。そして，第２期は，改革開放以降の1979年から分税制改革が行われる1994年までの16年間である。この時期において，インフラストックの平均増加率は8.8％，それに対して実質 GDP の平均増加率は10.1％，２つの増加率に第１期と比べると逆転現象が見られたものの，２つの増加率はほぼ寄り添う形で同じ成長傾向を確認することができる。第３期は1995年の分税制改革以降から2008年まで14年間である。この時期のインフラストックの平均増加率は17.6％，それに対して実質 GDP の平均増加率は9.9％，２つの増加率はワニの口のように，大きく開くようになった。

　それと同時に，金［2012］は1993年と2008年の省別のインフラストックの推計を行い，そして，東部地域，中部地域，そして西部地域の３つの地域を分けて，３つの地域間の一人当たりのインフラストックと一人当たりの GDP の格差の変化を考察した。この分析を表3-1にまとめた。ここから確認できるように，1993年当時，西部地域の一人当たりインフラストックが１だとすると，中部地域は1.02，東部地域は2.13となる。一人当たりインフラストックから見ると，東部地域は西部地域の倍になる。一人当たり GDP の値とほぼ同様な傾向になる。しかし，2008年になると，一人当たり GDP について，1993年とそれほど変わらず，むしろ東部地域と西部地域の差がさらに広がっているが，一人当たりインフラス

図3-1 各段階における中国のインフラストックとGDP成長との比較

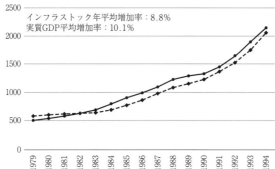

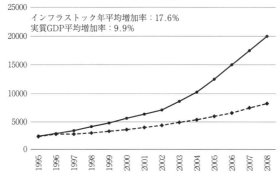

（出所）国家統計局国民経済総合統計司『新中国60年統計資料』(2010)と金戈[2012]により筆者作成。

表3-1　地域別一人当たりインフラストックとGDPの比較（1993年価格）

| | | 1993 | | 2008 | | 年平均増加率 |
| | | 金額（元） | 対比（西部＝1） | 金額（元） | 対比（西部＝1） | |
|---|---|---|---|---|---|---|
| 一人当たりインフラストック | 東部 | 1346 | 2.13 | 10854 | 1.32 | 14.9% |
| | 中部 | 643 | 1.02 | 6206 | 0.75 | 16.3% |
| | 西部 | 631 | 1 | 8243 | 1 | 18.7% |
| 一人当たりGDP | 東部 | 4327 | 2.25 | 21532 | 2.54 | 11.3% |
| | 中部 | 2156 | 1.12 | 9450 | 1.11 | 10.4% |
| | 西部 | 1922 | 1 | 8483 | 1 | 10.4% |

（出所）金［2012］

トックから見ると，西部地域はすでに中部地域を上回り，東部地域との差が著しく縮小している。

　胡・樊・徐［2016］は金［2012］と同様な推計手法を用いながら，金［2012］の分析に対する見直しを行った上，推計データを2014年まで伸ばしている。当論文は，金［2012］の推計に使用されているデータは2003年以前と以降に同一性が欠けているため，2003年以降のインフラストックは過大評価になっていると指摘した。金［2012］と同様に，90年代以降，インフラストックの増加速度は遥かにGDPの成長率を超えているとし，インフラストックの資本ストックに占める割合は年々増え続けていると指摘した。また，東部，中部，西部の3つの地域における一人当たりインフラストックの分布を分析したところ，金［2012］と若干の誤差が生じるものの，2014年まで同じ傾向が示されている。


## 3　フローデータに基づく分析

　前節では，先行研究を基にインフラのストックに対する推計を中心に中国におけるインフラ整備の歴史的推移を回顧した。本節では，固定資産投資のフローのデータを用いて，中国国内におけるインフラ整備の状況を再確認したい。2003年以降，中国の固定資産投資に関する統計基準が変更されたことを受け，本節では，2003年以降のデータ，特に，2005年，2010年と2015年のデータを用いて，分析を進める。2003年まで，『固定資産投資統計年鑑』において，インフラを一つの項目としてまとめたデータが公表されているが，2003年以降，統計年鑑において，インフラを単独項目とする発表がなくなり，そのため，インフラ整備に関するデ

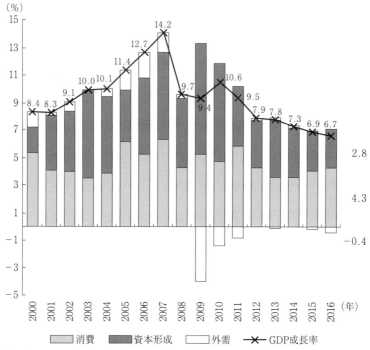

図3-2 主要需要項目のGDP成長率（実質）への寄与度の推移

（出所）中国統計出版社『中国統計年鑑』各年版より筆者作成。

ータ整理が必要となる。国家統計局が公表している国民経済業種分類は合計19の分類に分かれている。本節で用いられているインフラのデータは国家統計局国民経済業種分類に従い，①電力・熱力・ガスおよび水生産と供給業，②交通運輸・倉庫・郵政業，③水利・環境と公共施設管理業，の3つを含む。以下では，以上の3つの項目をまとめてインフラ業と称する。

また，固定資産投資に限定して見た際に，合計19の分類のうち，不動産業，インフラ業と製造業の3つの項目の合計が固定資産投資総額に占める割合は極めて高く，2003年以降，この3つの項目が全体の約80％を占めて推移している。このため，本節における分析をする際に，地域における不動産業，インフラ業，そして，製造業の固定資産投資がどのように推移してきているか，地域別の特徴はいかなるものなのかについて，2005年，2010年と2015年のデータを使って，省別の変化について確認したい。

第3章　インフラ整備—地域間の格差是正に寄与しているか？

図3-3　固定資産投資の伸び率と産業別の寄与度

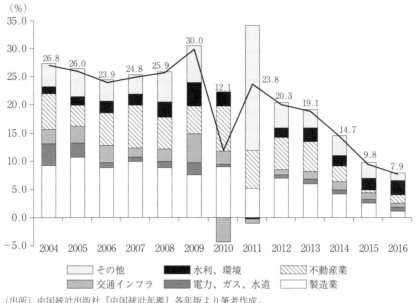

(出所) 中国統計出版社『中国統計年鑑』各年版より筆者作成。

　まず，全国のレベルから見て，資本形成がGDPに与える影響の推移を確認したい。図3-2で確認できるように，2000年に入ってから，中国経済は飛躍的成長を遂げた。消費，資本形成と外需の項目別で，経済成長への寄与度を確認すると，2008年のリーマンショックが1つの分水嶺となって，リーマンショックの前まで，消費，資本形成と外需は三つ巴となって，中国経済の成長を牽引していたが，2008年以降，外需というエンジンが次第にその作用を失い，近年の中国経済成長は主に消費と資本形成の2つが牽引力となっている。また，新常態と言われるように，中国経済の成長率は鈍化してきている。

　次に，固定資産投資の伸び率と産業別の寄与度について，確認してみよう。図3-3から確認できるように，2003年から2009年まで固定資産投資の対前年比の増加率は極めて高く，リーマンショックに対処するために4兆元に上る緊急拡張財政政策によって2009年の固定資産投資の対前年比は過去最高の30％に達した。2009年に急増した固定資産投資の反動で，2010年には一時的にその増加率が大きく下がったが，翌年は再び20％台の増加率に戻った。同時に，固定資産投資を増

57

やし，中国経済の高度成長を支えるという構造の限界や副作用も次第に表面化してきた[1]。こうした「量的拡大」を主とする発展方式を改め，「質の向上」を実現するため，第12次五カ年規画（2011～2015年）の最重要課題として，「経済発展方式の転換」が提起されるようになった[2]。そして，習近平総書記は，2014年5月に河南省を視察した際に，「我が国は依然として重要な戦略的チャンス期にあり，自信を持ち，現在の経済発展段階の特徴を生かし，新常態に適応し，戦略的平常心を保つ必要がある」と語り，中国経済は「新常態」時代に突入した。さらに，2015年3月28日にボアオ・アジアフォーラムの年次総会の基調講演において，習近平総書記は，「現在，中国経済の発展は新常態に入り，高成長から中高成長に移行し，規模と速度を重視する粗放型成長から品質と効率を重視する集約型成長へ転換し，要素と投資駆動からイノベーション駆動へと転換している」と強調した。以上で述べた経緯を背景に，2011年以降，固定資産投資の伸び率は次第に低下し，2016年の対前年比の増加率は7.9％まで低下してきた。経済発展方式の転換が行われているなか，固定資産投資の項目別の寄与度を見ると，不動産業と製造業の固定資産投資に対する寄与度が次第に低下しているのに対して，インフラ業の寄与度は次第に拡大している。2016年の固定資産投資の増加率のうち，半分以上は電力・熱力・ガスおよび水生産と供給業，交通運輸・倉庫・郵政業，水利・環境と公共施設管理業により構成されるインフラ業によって寄与されている。

　次に，省別，そして地域別の分析に移る。まず，地域別の固定資産投資における不動産業，インフラ業と製造業の変化について，確認する。表3-2から確認できるように，不動産業の固定資産投資総額に占める割合の全国平均はこの10年間はほぼ横ばいで推移している。東部地域では，2005年と比べると，3ポイントほど下がったが，2015年になると，27.1％に上昇している。中部地域と東北部では，東部地域と異なり，2010年に不動産業の固定資産投資は大幅に増えたものの，2015年では，中部地域は2005年の水準に戻り，東北部は2005年水準よりも下回る

---

1）拡張的財政政策によってもたらした副作用などは関［2015］の第3章を参照されたい。
2）経済発展方式の転換とは，「需要構造の面における投資と輸出から消費へ」，「産業構造の面における工業からサービス業へ」，そして「生産様式面における投入量の拡大から生産性の上昇へ」という「3つの転換」を指す。

第 3 章　インフラ整備―地域間の格差是正に寄与しているか？

表 3-2　地域別，項目別，固定資産投資総額に占める割合

(%)

| | 不動産業 | | | インフラ業 | | | 製造業 | | |
|---|---|---|---|---|---|---|---|---|---|
| | 2005年 | 2010年 | 2015年 | 2005年 | 2010年 | 2015年 | 2005年 | 2010年 | 2015年 |
| 東部 | 24.9 | 21.8 | 27.1 | 22.1 | 21.6 | 19.8 | 35.7 | 35.3 | 35.3 |
| 中部 | 20.3 | 26.1 | 21.2 | 27.5 | 21.0 | 20.0 | 27.4 | 36.8 | 37.9 |
| 西部 | 18.8 | 22.3 | 24.7 | 36.2 | 32.1 | 31.3 | 18.6 | 22.3 | 20.7 |
| 東北部 | 19.8 | 36.7 | 15.5 | 19.5 | 22.0 | 20.8 | 33.3 | 35.9 | 37.3 |
| 全国平均 | 22.0 | 23.3 | 23.9 | 26.4 | 25.4 | 23.4 | 29.9 | 31.9 | 32.1 |

（出所）中国統計出版社『固定資産投資統計年鑑』各年版より筆者作成。

表 3-3　地域別，項目別，固定資産投資の対 GDP 比

(%)

| | 不動産業 | | | インフラ業 | | | 製造業 | | | 固定資産投資総額 | | |
|---|---|---|---|---|---|---|---|---|---|---|---|---|
| | 2005年 | 2010年 | 2015年 | 2005年 | 2010年 | 2015年 | 2005年 | 2010年 | 2015年 | 2005年 | 2010年 | 2015年 |
| 東部 | 10.3 | 10.9 | 16.9 | 9.1 | 10.8 | 12.3 | 14.7 | 17.6 | 22.0 | 41.3 | 49.9 | 62.2 |
| 中部 | 8.8 | 19.1 | 20.6 | 11.8 | 15.3 | 19.5 | 11.8 | 26.9 | 36.9 | 43.2 | 73.0 | 97.4 |
| 西部 | 9.7 | 16.7 | 24.0 | 18.7 | 24.0 | 30.3 | 9.6 | 16.7 | 20.1 | 51.8 | 74.8 | 96.8 |
| 東北部 | 8.9 | 30.1 | 11.0 | 8.7 | 18.1 | 14.7 | 14.9 | 29.4 | 26.3 | 44.7 | 82.0 | 70.6 |
| 全国平均 | 10.4 | 16.1 | 19.5 | 12.5 | 17.5 | 19.1 | 14.2 | 22.0 | 26.2 | 47.4 | 69.0 | 81.6 |

（出所）中国統計出版社『中国統計年鑑』，中国統計出版社『固定資産投資統計年鑑』各年版より筆者作成。

ようになった。インフラ業について，2005年と比べると，4つの地域のうち，東北部地域を除けば，固定資産投資総額に占める割合はともに減少している。この4つの地域において，西部地域のインフラ投資の割合は他の3つの地域と比べると顕著に高いのが特徴である。さらに，製造業では，中部地域において，製造業の割合がこの10年で大きく増えていることが確認できる。2015年において，東部，中部，東北部における投資割合はほぼ同程度である。一方，西部地域の製造業の投資割合はこの10年間でほぼ変わらず，その他の3地域と比べると，著しく低い水準にある。

　次に，地域別で見た項目別の固定資産投資の対 GDP 比について，確認してみよう[3]。表 3-3 から確認できるように，固定資産投資の対 GDP 比が急速に増え続けていることが確認できる。2005年の全国平均はわずか47.4％であるのに対して，2010年では69％，2015年では81.6％まで急増している。さらに，地域ごとで確認してみると，中部地域と西部地域の伸びが特に顕著である。2015年になると，

59

中部地域では97.4%，西部地域では96.8%に達していることがわかる。東北部地域は2010年に中部地域と西部地域と同様に大きく増えたものの，2015年には低下した。

　さらに，不動産業，インフラ業，製造業を分けてより詳細に分析していこう。不動産業について，東部地域の割合が増えているとはいえ，比較的に緩やかである。それに対して，中部，西部地域は東部地域と比べると，その増加はより著しい。東北部では，2010年に飛躍的に増加をしたのち，2015年になると，不動産業投資は沈静して，2005年の水準に戻っている。

　続いて，インフラ業について，4つの地域で比較した際，西部地域のインフラ業の対GDP比が著しく高い特徴が確認できる。2005年以降，西部地域のインフラ業の対GDP比は一貫して，全国平均や他の3地域より高いことが確認できる。2015年の全国平均は19.1%であるのに対して，西部地域はGDPの30.3%を占めている。東部，中部と東北部に大きな差をつけている。最後に，製造業では，2005年に割合が低かった中部地域はこの10年で製造業の固定資産投資に躍進を見せており，2015年では，36.9%まで上げている。

　次に，2005年，2010年と2015年において，それぞれの地域間における固定資産投資の差はいかなる変化をもたらしてきたかについて確認したい。表3-4は，各年度の西部地域のデータを1とした場合，その他の地域の数値を指標化したものである。表3-4から確認できるように，2005年において，東部地域のGDP，固定資産投資は他地域と比べると，極めて高い水準にあり，中部地域と西部地域に大きな差をつけているが，時間の推移とともに，この差は次第に収束している。一方で，東北部地域では，GDPにおいても，固定資産投資においても，西部地域と比べると，その差が著しく拡大されつつあることも確認できる。このような傾向がより顕著に表れているのは固定資産投資のうちのインフラ業である。西部地域と東部地域の差は著しく縮小される一方，西部と中部，東北部地域との差はさらに拡大していることが確認できる。

---

3）当該指標については，各地域の付加価値生産合計額と消費額，投資額から計算されている。移入の割合が大きい地域では，域内所得の域外への流出により投資や消費の対付加価値生産総額比率が過剰に大きくなることもあるので，固定資産投資の対GDP比率は100%を超えることも十分ありうることである。

第3章 インフラ整備―地域間の格差是正に寄与しているか？

表3-4 固定資産投資における地域間比較

|  | GDP |  |  | 固定資産投資 |  |  | インフラ業 |  |  |
|---|---|---|---|---|---|---|---|---|---|
|  | 2005年 | 2010年 | 2015年 | 2005年 | 2010年 | 2015年 | 2005年 | 2010年 | 2015年 |
| 東部 | 3.24 | 2.85 | 2.57 | 2.59 | 1.90 | 1.65 | 1.57 | 1.28 | 1.05 |
| 中部 | 1.10 | 1.06 | 1.01 | 0.92 | 1.03 | 1.02 | 0.69 | 0.68 | 0.65 |
| 西部 | 1.00 | 1.00 | 1.00 | 1.00 | 1.00 | 1.00 | 1.00 | 1.00 | 1.00 |
| 東北部 | 0.50 | 0.46 | 0.40 | 0.44 | 0.50 | 0.29 | 0.23 | 0.35 | 0.19 |

（注）全ての項目において，西部地域を基準値として比較したものである。
（出所）中国統計出版社『中国統計年鑑』，中国統計出版社『固定資産投資統計年鑑』各年版より筆者作成。

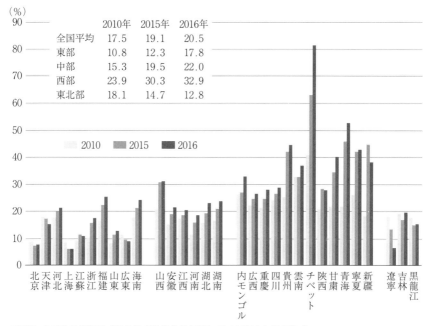

図3-4 省別・地域別インフラ関連固定資産投資の対GDP比

(出所）中国統計出版社『固定資産投資統計年鑑』2016年版より筆者作成。

最後に，省別，地域別のインフラ業固定資産投資の対GDP比を確認しよう。図3-4で確認できるように，全国レベルで見ると，2010年から2016年にかけて，インフラ業の固定資産投資の対GDP比は上昇傾向にある。各省の2010年と2016年のインフラ業の固定資産投資の対GDP比を比較して，東部の北京市，天津市，

上海市と広東省，そして東北地域の遼寧省と黒龍江省の対GDP比は下がっている。特に，遼寧省について，統計データの水増し問題もあって，2015年と2016年の固定資産投資額全体は大きく減少している。一方，中部地域と西部地域のすべての省の対GDP比は増加しており，特に，チベットは2010年の40.7％から2016年の81.3％に，40.6％の増加となった。青海は2010年の21.6％から2016年の52.9％に，31.2％の増加となった。そのほかに，貴州，甘粛，寧夏，新疆の4つの省・自治区は約20％増となった。西部地域におけるインフラ業の固定資産投資の対GDPの増加は中部地域と東部地域よりも著しい。

以上の分析で明らかになったように，全国レベルにおいて，固定資産投資のGDPに占める割合がこの10年で上昇し続けているなか，西部地域と中部地域の割合の増加は特に顕著である。さらに，固定資産投資の内訳をより詳細に見てみると，中部地域における製造業の割合が高くなっているのに対して，西部地域はインフラ業の割合が高いという特徴が確認できる。さらに，地域間の固定資産投資の差で確認したところ，西部地域と東部地域の差は急速に縮小しており，特に，インフラ業において，2015年のデータから確認すると，東部地域と西部地域はすでにほぼ同水準となっている。


## 4　国内の地域政策としての「一帯一路」

改革開放に転じてから2000年の初頭まで，中国の地域政策は，東部沿海地域を中心としたものであった。こうした「先富論」を基礎とする地域政策は，トリクルダウン理論[4]に基づき，限られた資源を一部の地域に集中的に投与し，地域間格差が拡大してもやむを得ないという経済建設至上主義的な地域政策であった。しかし，中国経済の飛躍的成長とともに，地域間格差をいかに是正すべきかという政策課題が次第に浮き上がってきた。従来の東部沿海地域を中心とする発展戦略に対する反省から，2000年の「西部大開発」，2002年の「東北振興」，そして2005年の「中部崛起」といった地域政策が次々と出されているなか，中国におけ

---

4）トリクルとは，英語で水などがちょろちょろ漏れ出るという意味。トリクルダウン理論とは，富裕層が潤い社会全体の富が増大すれば，富は貧困層にもこぼれ落ち，経済全体が良い方向に進むとする経済理論である。

第3章　インフラ整備—地域間の格差是正に寄与しているか？

る地域格差のさらなる拡大に一定の歯止め効果が見られるものの，地域間におけるバランスの取れた経済発展に向けた具体的な取り組み案はなかなか示すことができなかった。

　2014年の年末に開かれた中央経済工作会議において，中国政府は，「一帯一路」，「京津冀協同発展（北京・天津・河北省エリアの一体化を通じた発展）」，「長江経済帯（沿海部から内陸部に至る長江流域の主要経済都市相互の連携を強める）」の3つの地域発展戦略が発表された。徐［2015］で指摘したように，この3つの地域発展戦略が一体となって，従来のブロック的地域政策という既存の枠組みを乗り越えて，中国全域に分散するローカルハブとしての都市拠点戦略とインフラ投資戦略を融合することで，国内と国外の都市を繋げていくことがこれらの政策の狙いである。岡本［2015］は，中国の内陸都市である重慶市を考察対象とし，「一帯一路」は都市を中心とした交易のハブを作ることに貢献すると言及し，物流インフラ（鉄道，港湾など）の建設，改善は，貿易が不利だった内陸地域にも経済成長のチャンスをもたらすと主張した。穆・南川［2018］で指摘されたように，この3つの地域発展戦略は，中国経済の力強い成長とバランスの取れた発展に寄与する可能性があり，経済成長率の減速を特徴とする「新常態」に対処するための重要な政策でもある。「一帯一路」は，中国国内の地域経済の一体化を推進し，地域間行政の障壁を取り除きながら，生産要素の自由な移動と効率の高い配置を目指しており，質の高い国内共同市場の形成に寄与することが期待されている。

　それを実現するために，中国国内において，高速鉄道・高速道路・港湾・空港などの交通ネットワークを整備し，大規模なインフラ整備プロジェクトを推進することで，国土利用の偏在を是正し，過密過疎，地域格差の解消を目指して地域におけるバランスの取れた発展を目指す必要がある。「一帯一路」構想の提起は，国内に分散されているローカルハブ都市をインフラで繋ぐことで，その可能性を導き出そうとしている。こうした戦略の源泉は2014年3月に公表された「国家新型城鎮化（都市化）規画」にある。この新型都市化政策は，「一帯一路」のグランドデザインの中で最も重要な国内地域政策として位置付けられる。こうしたプロジェクトを推進しながら，国内で培ったノウハウを「中国モデル」として，アジアインフラ投資銀行（AIIB），シルクロード基金，BRICs新開発銀行といった国際金融機関による資金的提供を受けながら，「一帯一路」の沿線国に投資し，

国内に形成されたローカルハブ都市と「一帯一路」の沿線国に形成される新しいハブ都市を繋ぐことで，新たな共同市場を拡大していく。

第1節と第2節で検証したように，「一帯一路」構想が提起される以前から，中国のインフラ業に関する固定資産投資はすでに西部地域への傾斜が観察されている。「一帯一路」構想が提起されてから，こうした傾斜政策が実施されたわけではない。「一帯一路」構想というプラットフォームが提起されることで，西部地域はかつてのシルクロードの起点として，現在のユーラシア大陸を接続するランドブリッジの中継地として，インフラ業に関する固定資産投資の加速に新たな根拠を供与したと言えよう。しかし，張［2012］の研究では，交通インフラの発展は人口の先進地域への流出をさらに加速させ，地域の経済成長に対する抑制効果があるとし，胡，樊，徐［2016］は，こうした人口の流出を念頭に，西部地域に対するインフラ傾斜政策を見直すべきだと主張した。短期の経済成長ボーナスを得るためにインフラを整備するものではなく，インフラが整備されてから，このインフラを生かして，その地域に合う産業政策と雇用政策をどのように創出するかは，地域の持続可能な発展にとって最大の課題である。「一帯一路」構想は西部地域に属する内陸部と周辺国への交易にチャンスを与え，そのチャンスをいかに生かすかは，地域の知恵が必要であろう。

## 5　インフラ資金調達の模索—PPP の活用

インフラ投資には莫大な資金が必要である。中国のインフラストックが急速に増えるようになったのは，インフラ整備に関する莫大な資金を確保できたことに密接な関連性をもつ。1994年の分税制改革以降，財源は再び中央政府に集中するようになり，中央政府から地方政府への財政移転制度が創設され，地域間における財政力格差を是正するため，財政力の弱い地域への財政移転が強化されたとはいえ，インフラ向けの財政資金はむしろ減少傾向にある（第2章を参照のこと）。インフラ投資プロジェクトの帰属状況からみると，1991年までに，中央政府の直轄事業と地方政府の単独事業はほぼ半々で推移しているが，1991年を皮切りに，中央政府の直轄事業の比率は次第に低下し，1998年に土地の使用権に関する管理権限が地方政府に譲渡されたことを受けて，その後，インフラに関する地方単独事業の割合が急速に上昇した[5]。2003年になると，中央政府の直轄事業が18.1%

に減少し，地方の単独事業の比率は81.9％に上昇した[6]。張軍他［2007］によると，新疆，甘粛などの後進省における中央直轄事業比率は全国平均より高く，1998年の新疆は55.9％であり，一方，海南などの沿岸地域の中央直轄事業比率は15％も満たなかった。土地に対する管理権が末端の地方政府に付与される前までに，中央政府による後進省に対する政策配慮が見られていたが，土地に対する管轄権が上位政府から下位政府へ移譲されることで，沿岸地域の都市を中心に土地の使用権譲渡収入によるインフラ投資が次第に主流となった。2008年のリーマンショック以降，こうした土地に依存した開発資金の調達方式は，4兆元に上る中央政府主導の拡張財政政策とともに，従来置かれていた垣根を取り払い，一気に中国全土に広がった。

徐［2017］では、都市部の社会資本整備を対象に都市の維持及び建設に関する財政資金の国有土地使用権譲渡収入に対する依存度を確認した。都市の維持及び建設における投資資金のうち，中央政府から地方政府への財政移転のシェアはごくわずかで，2012年で資金全体の2.1％しかなく，地方財政の予算内支出の22.9％を足しても，全体の4分の1しかない。都市の維持及び建設の主な財源は国有土地使用権譲渡による収入である。2014年の都市の維持及び建設財源の国有土地使用権譲渡収入に対する依存度をみると，全国平均が60％で，東部地域と中部地域は全国平均を上回り，西部地域と東北部地域は全国平均を下回っている。それにしても，西部地域の依存度は53.9％で，全国平均より若干下回るものの，都市の維持及び建設に関わる資金の半分以上は土地使用権譲渡によって得られるものであった。

都市の土地資源は限られており，土地に依存した財政資金の調達は明らかに持続不可能である。こうした限界に直面するなか，近年，いかにして，脱「土地財政」を実現するかが中国の財政当局にとって最大の課題となった。土地譲渡収入の代替財源を探るべく，中国は従来禁止されていた地方債を解禁したり，地方政府が資金をより調達しやすくするために，融資平台と称する資金調達方法を導入

---

5）土地の使用権に関する管理権限について，徐［2014］を参考にされたい。

6）2004年の統計年鑑までに基礎建設（インフラ）投資プロジェクトに関する中央政府と地方政府別の金額を確認することができるが，統計基準の変更に伴い，2005年版以降，インフラ項目で中央と地方の帰属関係を確認できなくなった。

したり，直近では，財政部や発展改革委員会が総力を挙げて PPP（公私連携）
を推進するなどあらゆる方法を試している。

　PPP とは公共サービスの提供において何らかの形で民間が参加する手法を幅
広く捉える概念である。1990年代初頭から頻繁に用いられてきた BOT（Build-
Operate-Transfer），BTO（Build-Transfer-Operate），BOO（Build-Own-
Operate）や，1992年に英国で成立し，その後，先進国の公共事業の新規展開に
大きな影響を与えた PFI（Private Finance Initiative）は，いずれも個々の所有
形態と運営形態を示すもので，広義の PPP と捉えることができる。先進国にお
いて，急速に拡大する財政支出に対して，税収の伸び悩みが問題となって，拡大
する財政赤字に対処するために，1980年代以降，レーガノミックスとサッチャリ
ズムの登場以降，新公共管理（New Public Management）NPM モデルの登場に
よって形成されたのが PPP である。大島［2013］では，この「公私連携」はも
はや，〈公〉の活動なのか〈私〉のそれなのか，いずれとも言えない，かくして，
公共圏と私的圏との境界は融解した，あるいは，ここでは流砂現象が起きている
と見るべきではないのかという批判を行っている。確かに，多くの先進国におい
て，2 回にわたる世界大戦以降，社会福祉ニーズの高揚により，財政支出の拡大
と税収確保の困難という局面に陥り，PPP を導入することで，経営主義的国家
活動を通じて，財政収支のリバランスを取る意味合いが強い。これらの先進国に
おいて，歴史の流れで形成された公共圏と私的圏の境界線が融解しかけていると
ころもあるが，一度形成された公共圏に対する意識を短期間で変化させることは
極めて難しい。それに対して，途上国において，公共圏と私的圏の概念は従来か
ら曖昧なものであり，そして，発展途上段階において急速に膨張してくる公共サー
ビスのニーズに対して，政府がそのニーズに満たすような財源を調達すること
は困難であり，途上国は先進国よりも PPP を受け入れやすい環境にあると言え
る。世界銀行の PPP データベースを確認すると，多くの途上国の PPP 受け入れ
件数と金額は常に上位にある[7]。PPP は途上国が公共サービスを改善する極めて

---

7 ）世界銀行 PPI データベース（https://ppi.worldbank.org）によると，1990年から2017年ま
　　でに，PPP 受け入れ件数の上位10カ国は，中国，インド，ブラジル，ロシア，メキシコ，
　　アルゼンチン，トルコ，コロンビア，タイ，フィリピンとなっており，金額の上位10カ国は，
　　ブラジル，インド，中国，トルコ，メキシコ，ロシア，インドネシア，フィリピン，アルゼ
　　ンチン，マレーシアとなっている。

第3章　インフラ整備―地域間の格差是正に寄与しているか？

重要な手段となっている。

　中国のPPPも早い段階で推進されてきた。中国は多くの途上国と同様に，限られた財源の下に，外国資本によるインフラなどに対する投資を促進するために，PPPをスタートさせた。1995年1月，対外貿易経済合作部は「関于以BOT方式吸収外商投資有関問題的通知」（BOT方式による外国投資吸収問題に関する通知）を発表し，中国政府が公表した最も早いPPP関連政府文書となった。その後，国家発展改革委員会，国家経済貿易委員会，対外貿易経済合作部が作成した「指導外商投資方向暫行規定」（外商投資方向を指導する暫定規定），「外商投資産業指導目録」（外商投資産業の投資目録）が同年6月に公表され，1997年に国家発展改革委員会と国家外為管理局が発表した「境外進行項目融資管理暫行弁法」（海外企業のプロジェクトに関連する資金調達に対する管理の暫定方法）と合わせてBOTプロジェクトにおける資金調達に関する具体的規定が策定された。1995年8月に，国家発展改革委員会，電力部と交通部が発表した「関于試弁外商投資特許権項目審批管理有関問題的通知」（外商による特許権投資プロジェクトに対する審査管理の実験的実施に関する関連問題の通知）において，「外商による特許権プロジェクト投資」という概念が初めて言及された。2001年12月11日，国家発展改革委員会は「関于印発促進和引導民間資本的若干意見的通知」（民間資本の促進と誘導に関するいくつかの意見の通知）を発表し，「段階的に投資領域に対する規制緩和を進め，国家による特定の規定を除き，外国投資が許可され，奨励されている投資領域において，民間投資の参入を許可し，奨励する」としたうえで，「民間資本による独資，合作，連営，株式参加特許経営方式などを通じて，基礎インフラと公益事業プロジェクトへの参入を奨励し，誘導する」とした。2002年12月，建設部は正式な政府文書として「関于加快市政公用行業市場化進程的意見」（市政公共領域における市場化進展の加速に関する意見）を公表し，外国投資と民間企業が上下水道整備，ガス供給，公共交通，汚水処理，ゴミ処理といった市政領域の公共サービスに参入することができるようになった。2003年10月に開催された共産党第16期三中全会において「非公有制経済の発展を阻害する法律，法定，政策を整理し，体制による制約をなくし，市場の参入規制を緩和する」としたうえで，「非公有資本による法律法規で禁止されていない基礎インフラ，公共事業及びその他の業界・領域に参入することを許可する」とした。2004年4月，建設部は「市政公共基礎設施特許経営管理弁法」（市政公共インフラ施設

67

の特許経営に対する管理方法）を公表し，2004年5月1日より実施されるように
なった。2005年2月，国務院は「関于鼓励支持和引導個体私営等非公有制経済発
展的若干意見」（私営などの非公有制経済発展の支持・奨励に関するいくつかの
意見）を公表し，社会資本のインフラ関連産業への参入に関する政策基盤が出来
上がった。

2010年5月，国務院が公表した「関于鼓励和引導民間投資健康発展的若干意
見」（健全たる民間投資の発展の奨励・誘導に関するいくつかの意見）において，
民間投資ができる領域と範囲を拡大すると同時に，民間資本による基礎インフラ，
市政関連の公共事業，政策的住宅建設といった領域への参入を奨励・誘導する方
向性を確定した。

2013年11月に開かれた共産党18期三中全会において，「社会資本の特許経営方
式を通じて都市インフラ整備に対する投資と運営を許可する」と明記されること
で，社会資本のインフラ関連産業への参入における政策的コンセンサスに達した
と言えよう。2014年9月，財政部は「関于推広運用政府和社会資本合作模式有関
問題的通知」（政府との社会資本協力方式による運用を広めることに関する通知）
を発表し，都市化建設の資金調達ルートによる社会資本導入の重要性を言及しつ
つ，政府もそれに合わせた職能変化の必要性を強調し，財政支出と資金管理方法
の改善を促した。これをもって，脱土地財政の重要な代替財源として期待される
PPPは，一気に進むようになり，今やPPPは地方政府の公共サービスを推進す
る上で最も重要な方法となってきている。

PPPの推進において，西部地域は最大の受け皿となっている。中国の財政部
の「全国PPP総合情報平台プロジェクトデータベース」の第8期クオタリーレ
ポートによると，2017年9月までに，全国で合計1万4220件のプロジェクトが収
納されており，合計投資額は17.8兆元に上る。地域別で見ると，西部地域におけ
るPPP需要が最も高く，合計2687件のプロジェクト，全体の39.7%，投資額は
4.2兆元，全体の41.4%を占める。

PPPによるインフラ投資は地方政府による公共財の供与と異なり，投資する
いわゆる社会資本（民間企業）の利潤の最大化を実現することができなければ，
民間企業の投資を見込めない。PPPに参加する社会資本の構成は財政部の「全
国PPP総合情報平台プロジェクトデータベース」の第8期クオタリーレポート
からも確認できる。2017年9月までに成立した同期の国家模範プロジェクトのう

68

ち，民間企業の参加者数は328社，全体の34.7%を占める。民間企業の参加は近年少しずつ増えているとはいえ，PPPの主体は依然として国有企業となっている。より多くの民間企業にPPPに参加してもらうために，西部地域における発展の将来性を示さなければならないであろう。そのために「一帯一路」というプラットフォームを提示することで，国内のインフラ整備と「一帯一路」沿線国のインフラ整備を通じて，国内外のハブ都市をつなぎ，拡大される地域市場にビジネスチャンスをもたらすという方向性を示すことは，国内におけるPPPプロジェクトにより多くの民間資本が参加してくることを促す可能性がある。また，対外的視点から見ると，中国の国有企業が海外で展開する際に，PPPを中心とする貿易，投資，援助（三位一体）の対外援助方式が取られている。中国国内におけるPPPプロジェクトの実践は対外的に示す意義においても重要であろう[8]。

## 6 おわりに

本章では，固定資産投資，特にインフラ関連の固定資産投資のストックとフローのデータを用いて，「一帯一路」構想が提起される前後で，中国の固定資産投資がどのように変化してきたか，東部，中部，西部，東北部の4つの地域におけるそれぞれの地域特性はいかなるものか，さらに，インフラ関連の固定資産投資の地域間格差はどのように変化したかについて検証を行った。

得られた知見は以下の3点にまとめることができる。

第1に，第12次五カ年規画（2011～2015年）において，「経済発展方式の転換」が打ち出されてから，固定資産投資の増加は次第に鈍化してきたが，インフラ関連の固定資産投資の固定資産投資全体の増加率に対する寄与度は増している。

第2に，東部，中部，西部，東北部の4つの地域に分け，また固定資産投資のうち最も大きな割合を占める不動産業，インフラ業と製造業の3つの産業に分けて地域の特性について比較した。固定資産投資の総額に占める割合を見た場合，中部地域は近年，製造業の割合が急増しているが，西部地域では，他地域と比べるとインフラ業が固定資産投資に占める割合が高い。一方，東北部地域の不動産

---

8）PPPを中心とする貿易，投資，援助（三位一体）の対外援助方式について，徐[2018]を参照されたい。

業の割合は近年急減している。さらに，固定資産投資総額及び各項目の対 GDP 比を比較した際に，近年，固定資産投資総額の対 GDP 比は急拡大しており，特に，中部地域と西部地域の拡大は顕著である。西部地域のインフラ業の対 GDP 比は他の地域よりも著しく高く，中部地域の製造業の対 GDP 比が高いという特徴が確認できる。次に，4 つの地域間の固定資産投資や GDP の格差について比較を行った。近年，GDP，固定資産投資の地域間格差が収束しており，特にインフラ業について，西部地域のインフラ業の固定資産投資はすでに東部地域とほぼ同水準である。一方，東北部地域はその他の地域との差がむしろ拡大している。

　第 3 に，「一帯一路」が提起されてから西部地域の固定資産投資が加速したわけでなく，本章で検証したように，2000 年以降，西部地域への固定資産投資の傾斜がすでに見られており，「一帯一路」の提起は西部地域にインフラ業に関する固定資産投資の加速に新たな根拠を与えたといえよう。さらに，インフラ業に対する固定資産投資の財源で見た場合，近年 PPP 方式が模索されており，この PPP によるプロジェクト投資について，国有企業が主な主体であるが，民間企業の参加を呼び寄せるために，「一帯一路」というプラットフォームを提示することで，新しいビジネスチャンスを示す必要があるといえよう。

　「一帯一路」構想における最も重要な政策インプリケーションの一つは，物流インフラ整備を中心に中国国内の都市間，そして，周辺国・地域との連結性を強化することである。内陸部におけるインフラの整備は，国内の経済先進地域の沿海部と後進地域の内陸部を繋げ，財・資本・労働・情報などの生産要素の自由な移動と効率的な配置を促し，中国国内における市場の拡大に寄与することができる。しかし，それに伴う膨大な投資資金をいかに確保するかという大きな問題も残されている。持続可能な財政運営を実現するために，地方におけるバランスの取れたインフラ投資をいかに実現するか，さらに，PPP が展開されているなか，民間企業のインフラ投資への参与をいかに促進するかといった課題が山積している。「一帯一路」の推進とともに，中国国内におけるインフラ投資がどのように変貌するかを注視しなければならない。


## 参考文献

### 日本語文献

大島通義［2013］『予算国家の〈危機〉―財政社会学から日本を考える』岩波書店

岡本信広［2015］「『一帯一路』は内陸部を発展させられるか？：重慶を事例に」『ERI-
NA REPORT』No.127, pp.46-52

関志雄［2015］『中国「新常態」の経済』日本経済新聞社

徐一睿［2014］『中国の経済成長と土地・債務問題 政府間財政システムによる「競争」
と「調整」』慶應義塾大学出版会

――［2015］「『一帯一路』からみる中国国内における地域政策の変化と財政的課題：ロ
ーカルハブの構築に向けて」『ERINA REPORT』No.127, pp.53-62

――［2017］「中国の都市化進展と社会資本整備財源―公私連携（PPP）の可能性」『専
修大学社会科学年報』第51号, pp.89-103

――［2018］「地域公共財から見るインフラ投資への日中協力の構築」『一帯一路からユ
ーラシア新世紀の道』進藤榮一・周瑋生編著, 日本評論社

穆堯芊・南川高範［2018］「中国経済の『新常態』―構造変化・地域発展・国際連携」
河合正弘編著『北東アジアの経済成長―構造改革と域内協力』日本評論社

吉野直行・中東雅樹［2000］「社会資本の経済効果―日本の戦後の経験」『開発金融研究
所報』国際協力銀行, 2000年11月増刊号, pp.4-20


## 中国語文献

財政部金融司「全国PPP総合信息平台項目庫第8期季報」
http://jrs.mof.gov.cn/ppp/dcyjppp/201710/t20171027_2736578.html, 2019年1月19
日アクセス

胡李鵬・樊纲・徐建国［2016］「中国基礎設施存量的再測算」『経済研究』, 2016年第8
期

金戈［2012］「中国基礎設施資本存量估算」『経済研究』, 2012年第4期

張軍・高遠・傅勇・張弘［2007］「中国為什麼拥有了良好的基礎設施？」『経済研究』,
2007年第3期

張学良［2012］「中国交通基礎設施促進了区域経済増長吗？－兼論交通基礎設施的空間溢
出效応」『中国社会科学』, 2012年第3期


## 英語文献

Aschauer, D. A.［1989a］"Does Public Capital Crowd Out Private Capital?," *Journal of
Monetary Economics*, 24(2), pp.178-235.

――［1989b］"Is Public Expenditure Productive?," *Journal of Monetary Economics*, 23

(2), pp.177-200.

―― [1989c] "Public Investment and Productivity Growth in the Group of Seven," *Economic Perspectives*, Federal Reserve Bank of Chicago, 13(5), pp.17-25.

―― [1993] "Infrastructure and Macroeconomic Performance: Direct and Indirect Effects," *In the OECD Jobs Study: Investment, Productivity and Employment*, OECD, pp.85-101,

Barro, R. J. [1990] "Government Spending in a Simple Model of Endogenous Growth," *Journal of Political Economy*, 98(5), pp.102-125.

Barro, R. J. and X. Sala-i-Martin. [1992] "Public Finance in Models of Economic Growth," *Review of Economic Studies*, 59(4), pp.645-661.

Canning, D. [1999] "Infrastructure's Contribution to Aggregate Output," *Policy Research Working Paper*, World Bank, No.2246,

Chatterjee, S. [2005] "Poverty Reduction Strategies-lessons from the Asian and Pacific Region on Inclusive Development," *Asian Development Review*, 22(1), pp.12-44.

Fedderke, J. W. and Bogetic' [2009] "Infrastructure and Growth in South Africa: Direct and Indirect Productivity Impacts of 19 Infrastructure Measures," *World Development*, 37 890-(9), pp.1522-1539.

Murphy, K. M., A. Shleifer and R. W. Vishny. [1989] "Industrialization and the Big Push," *Journal of Political Economy*, 97(5), pp.1003-1026.

Sahoo, P., R. K. Dash and G. Nataraj [2010] "Infrastructure Development and Economic Growth in China," *IDE Discussion Paper*, Institute of Developing Economies, No.261

Straub, S. [2008a] "Infrastructure and Growth in Developing Countries: Recent Advances and Research Challenges," *Policy Research Working Paper*, World Bank, No.4460

―― [2008b] "Infrastructure and Development: A Critical Appraisal of the Macro Level Literature," *Policy Research Working Paper*, World Bank, No.4590

Straub, S., C. Vellutini and M. Warlters [2008] "Infrastructures and Economic Growth in East Asia," *Policy Research Working Paper*, World Bank, No.4589

## ■第 4 章■ 農村・農民─農村を発展させられるか？

岡本信広

### 1 はじめに

　2017年 5 月に北京で「一帯一路」国際協力フォーラムが開催された。会議には100カ国以上の1500人が参加し，イタリア，ロシア，インドネシアなど29カ国の元首が集まった。「一帯一路」に懐疑的な日本からも自民党の二階幹事長が出席し，日本政府も本構想に協力的な姿勢を見せつつある。

　「一帯一路」とは，習近平が2013年に提唱した中国と欧州を結ぶ巨大な広域経済圏協力構想だ。陸路で中央アジアを経て欧州に続く「シルクロード経済ベルト」が「一帯」で，南シナ海からインド洋を通り欧州へ向かう「21世紀の海上シルクロード」が「一路」とされる。ちなみに「一帯一路」に関連する国は約70カ国に上るとされる。インフラ投資を通じて関連地域との通商貿易関係を強化しようする意図がある。

　同時に，中国は同構想を資金面で支える政府系投資ファンド「シルクロード基金」を2014年に設立し，国際機関としてアジアインフラ投資銀行（AIIB）も2016年に設立した。

　この国際会議で採択された共同声明には「世界の貿易と投資の伸びは依然として低迷している」と指摘したうえで，最近の米国の動向を念頭に「自由な貿易を確保し，あらゆる形態の保護主義に反対する」と表明している。そのうえで「一帯一路の提唱は各国に協力を深める重要な機会を提供し，積極的な成果をもたらした」とした（『日本経済新聞』2017年 5 月16日）。

　一方，国内，とくに農村や貧困層に目を転じてみると，状況は好転している。16万世帯のサンプル調査によれば，2017年の全国の貧困人口は前年に比べて1289万人減少し，3046万人となり[1)]，貧困発生率も前年から1.4％下がり，3.1％にな

ったという（国家統計局 2018年2月1日）。貧困地域の農村の家計収入も増加している。2017年の可処分所得は9377元となり，価格の影響を除いた実質の成長率は9.1％となり，全国の農村平均よりも1.8ポイント高いものとなった。その内訳をみると，農産物価格の反発による農業収入の増加，貧困支援対策による産業発展，旅行，Eコマースなどによる経営所得，それとともに給与所得も増加している。結果，第18回党大会以来，貧困地域の農村家計収入は全国農村平均に近づいてきている。

　一般に「一帯一路」は，中国と地理的には中国の西側，南側の国々へのインフラ建設協力を通じて経済関係を強化しようとする構想で見られることが多い。国際政治的には，一般に米国を意識した中国の対外外交，対外開放戦略の一環として見られることもある。しかし，この構想が国内経済にも配慮がなされているにもかかわらず，この点について触れられている文献は少ない。いわんやこの「一帯一路」が中国の農村や農民そしてその貧困層にどのような影響があるかが述べられているものは寡聞にして知らない。

　序章では，「一帯一路」を地域開発のプラットフォームとしてとらえることを提唱しているが，このプラットフォームが末端の農村・農民にどのような影響を及ぼすのかを究明することは極めて重要である。なぜなら，もし「一帯一路」により多くの資源が海外に配分されることになれば，農村投資が減少すると想定されるとともに，「一帯一路」が自由貿易をさらに推進するとなれば，農村が取り残される可能性がある。そこで，本章では，「一帯一路」と農村や農民，貧困層との関係に着目し，「一帯一路」が国内に与える影響を概観する。ここでは，国内経済でもとくに農村に着目する。しかし農村の範囲を県レベルに限定するということではなく，また農民といっても都市で出稼ぎをしていて都市の福利厚生を享受できないまでも都市に定住している農民もいる。貧困層といっても都市で就職ができない都市戸籍の住民もいる一方で，都市で成功している農民もいる。したがってここでは社会的弱者とされる対象者がおおまかにいって農村に存在するであろうということを前提にして，大ざっぱかつ幅広い概念で「一帯一路」と

---

　1）ちなみに，東中西部で見てみると，減少幅1289万人の内訳は東部が190万人，中部が482万人，西部が617万人であり，西部地域の貧困減少幅がもっとも大きい。それでも西部の貧困人口は1634万人であり，中国全体の貧困人口の半数以上を占めている。

第4章　農村・農民─農村を発展させられるか？

いう政策が農村に与える影響を考察していることに注意されたい。


## 2　「一帯一路」戦略

### 2.1　中国の対外開放動向

　中国の対外開放は大きく拡大してきた。中国の貿易はWTO加盟前の2000年には世界第7位であったのが，2013年に世界第1位となった[2]近年は人民元の上昇やASEAN地域との競合から貿易の伸びは鈍化しているが，それでも世界貿易の中心であることに変わりはない。2016年の貿易総額を相手国・地域別にみると，上位5カ国地域は，①EU（5470億ドル，前年比3.1％減，構成比14.8％），②米国（5195億ドル，6.7％減，14.1％），③ASEAN（4522億ドル，4.1％減，12.3％），④香港（3046億ドル，11.3％減，8.3％），⑤日本（2748億ドル，1.3％減，7.5％）である（JETRO編2017）。中国にとってEUは最大の貿易相手国であり，この意味でも「一帯一路」によるヨーロッパとのつながりはとても重要になってきているといえる。

　中国の対外投資，いわゆる「走出去」も盛んになってきている。『2015年度中国対外直接投資統計公報』（2016年12月発表）によれば，中国の対外投資は2015年に世界第2位となり，同時期の対内投資額を上回り，初めて資本の純輸出国になった。対外投資の形態では，製造業，情報関連産業，鉱業などの企業買収が372.8億ドルとなり，全体の68.5％を占め，域外融資は31.5％である。

　投資先国家はかなり集中している。香港，オランダ，ケイマン諸島，英領ヴァージン諸島，バミューダ諸島の投資合計は1164.4億米ドルに上り，この年の総額の79.9％を占めている。「一帯一路」に関連する国家への投資も総額の13％を占め，189.3億米ドルを占める。成長率は38.6％となり，対世界投資増加率の約2倍である。ストックでみると，投資額の8割以上（83.9％）は発展途上国に，先進国は14％，2.1％が移行経済国に分布している。

　投資元をみてみると，とくに非金融分野の投資では，北京，上海，広東だけで全国の77％を占めている。

---

　2）ただし2016年は僅差でアメリカが1位に返り咲いている（『日本経済新聞』2017年4月12日）。

75

**表4-1　中国の自由貿易協定**

as of November 2017

| | WTO | 2001年12月 | WTO 加盟。 |
|---|---|---|---|
| **発効** | ASEAN | 2001年11月<br>2012年11月<br>2010年 1 月<br>2015年11月 | ASEAN・中国で10年以内の FAT 締結合意。<br>ASEAN・中国で「包括的経済協力枠組み協定」締結。<br>ACFTA 全面発効。<br>中国・ASEAN 全面的経済協力枠組協定（昇級版）。 |
| | パキスタン | 2006年11月 | FTA 締結。現在第 2 段階目の FTA を交渉中。 |
| | チリ | 2005年11月 | FTA 締結。グレードアップ交渉中（昇級）。 |
| | ニュージーランド | 2008年 4 月 | FTA 締結。グレードアップ交渉中（昇級）。 |
| | シンガポール | 2008年10月 | FTA 締結。グレードアップ交渉中（昇級）。 |
| | ペルー | 2009年 4 月 | FTA 締結。 |
| | コスタリカ | 2010年 4 月 | FTA 締結。 |
| | 香港 | 2003年 6 月 | 「中国と香港の経済・貿易関係緊密化協定（CEPA）」 |
| | マカオ | 2003年10月 | 「中国とマカオの経済・貿易関係緊密化協定（CEPA）」 |
| | 台湾 | 2010年 6 月 | 「海峡両岸経済協力枠組協定（ECFA）」締結。 |
| | アイスランド | 2013年 4 月 | 2007年からの交渉を経て FTA 締結。 |
| | スイス | 2013年 7 月 | 2011年からの交渉を経て FTA 締結。 |
| | 韓国 | 2015年 6 月 | 2012年からの交渉を経て FTA 締結。 |
| | オーストラリア | 2015年 6 月 | 2005年からの交渉を経て FTA 締結。 |
| | ジョージア | 2017年 5 月 | 2015年からの交渉を経て FTA 締結。 |
| **交渉中** | 東アジア地域包括的<br>経済連携協定（RCEP） | 2013年 3 月 | 対象国：ASEAN，日中韓，インド，オーストラリア，<br>ニュージーランド　2016年末までに16回の交渉。 |
| | 湾岸協力理事会 | 2005年 4 月 | 2016年末までに 9 回の交渉。 |
| | ノルウェー | 2008年 9 月 | 2017年に第 9 回目が北京で開催。 |
| | 中日韓 | 2010年 5 月 | 2016年10月までに11回の交渉が行われている。 |
| | スリランカ | 2014年 3 月 | 2016年末までに 5 回の交渉。 |
| | モルジブ | 2016年 2 月 | 2016年末までに 4 回の交渉。 |
| | イスラエル | 2017年 3 月 | 交渉開始。 |
| | 南部アフリカ関税同盟<br>（SACU） | 2004年 6 月 | 交渉開始で合意。 |

（出所）岡本信広 [2014] 表1をもとに JETRO 資料，中国自由貿易区服務網より作成。

　そもそも中国が2000年代以降，急速に貿易と直接投資を拡大してきた背景には，その対外戦略にある。2001年に WTO に加盟して以降，中国は積極的に FTA を推進してきた。表 4 - 1 でも明らかなように，アジアでは積極的に ASEAN 地域と自由貿易協定を結び，香港，マカオ，台湾，そして韓国とその範囲を広げて来

第4章　農村・農民―農村を発展させられるか？

た。オセアニア地域とはオーストラリア，ニュージーランドと結びその数はすでに15を数える[3)]。

　以上のような対外戦略の一つの帰結として「一帯一路」戦略につながったといえよう。

## 2.2　「一帯一路」の内容

　「一帯一路」に関する政府文件が2015年3月28日に発表された。国家発展改革委員会，外交部，商務部連合の文件であり，地域開発ビジョンにもかかわらず国際的な政策ということで外交部が入っているのが特徴といえる。表4-2はその発表された「シルクロード経済帯と21世紀の海のシルクロードを共同で推進するビジョンと行動」文件の内容を要約したものである。

　「一帯一路」ビジョンの特徴は以下の3点にまとめられる。1点目は積極的な開放政策の一環であるということである。中国は2001年にWTOに加盟して以来，ASEANをはじめとする自由貿易地域の設立を推進してきた。その開放政策の対象が東南アジアから中央アジア，南アジア，西アジア，そしてヨーロッパに拡大してきた。2点目は，その開放政策の具体的施策として，産業団地や港湾を通じた共通の通関体制の構築を強調している点である。中国は国内の産業構造転換が必要になっているとはいえ，過剰な設備・在庫を抱えていることに変わりはなく，新たな輸出ルートの確保がまだまだ必要である。3点目は，既存の国際通商体制，例えばAPECやASEANなどを活用しつつ，その体制を強化するための資金融通機関として具体的にAIIBやシルクロード基金の設立を謳っている点である。世界最大の外貨準備をもつ中国にとって，「一帯一路」は新たな資金運用先としての魅力を持つ。

　このように国際戦略としてみられる側面を持ちながらも，中国国内への配慮も忘れていない。これまで進められてきた東北―ロシアとの通商関係，西南地域（広西チワン族自治区）で行われていた対ASEAN博覧会など，各地域の開放政策を進めるための側面をも持つ。「一帯一路」対象国と中国各省の有機的な通商

---

　3）日本は2002年のシンガポールとの経済連携協定（EPA）をきっかけに，中国と同じく15カ国・地域との自由貿易協定を結んできている（2017年10月現在。なおTPPはすでに交渉済だが発効については不透明である）。

**表4-2 「一帯一路」の概要**

| 1. 時代背景 | 開放的な地域協力こそが，グローバルな自由貿易体系と開放的な世界経済に必要との認識を示す。 |
|---|---|
| 2. 共同原則 | 国連憲章，平等互恵の原則に基づくこと，市場ルール，国際通用ルールに従い，市場が資源配分において決定的作用を及ぼすこと，を確認している。 |
| 3. 構想のフレームワーク | シルクロード経済帯と21世紀の海のシルクロードの重点地域を大まかに指定しつつ，陸上の国際ルートでは沿線の中心都市を柱として経済貿易産業団地を協力のプラットフォームとすること，海上ルートでは港湾を結節点として，安全で効率のいい輸送ルートを建設することを提起。 |
| 4. 協力の重点 | 1）政策対話。<br>2）インフラの接続。通信や交通規格などの標準化。<br>3）スムーズな貿易。国境貿易，税関制度などの標準化と自由貿易化。<br>4）資金融通。通貨兌換範囲の拡大，債権市場の整備，AIIB の発展，シルクロード基金など資金協力の多様化。<br>5）民間交流。留学生，観光業，伝染病などの情報共有などの推進。 |
| 5. 協力のメカニズム | 各国がメモランダム（備忘録）の形式などで協定を結びつつ，現在ある上海協力機構（SCO），ASEAN＋1，APEC，ASEM など現有組織の活用。 |
| 6. 中国各地で開放態勢 | 西北，東北地域は西側の国に向けた窓口，西南地域は東南アジアと接するという地理的優位を活かす，沿海と香港マカオ地域は開放型経済の優位性を発揮する，内陸部は長江上中流域の都市群を発展させ，ヴォルガ川沿岸地域（ロシア）と協力していく，など。 |
| 7. 中国の積極的な行動 | 国家のトップレベルによる外交・通商対話，メモランダム（備忘録）レベルへのサイン，共通プロジェクトの推進，が述べられ，中国は各種資源を総動員して政策強化に力を入れる。またシルクロード基金を設立させ，中国－欧州アジア経済協力基金の投資機能の強化，など。 |

（注）「8．共にすばらしい未来を作り上げる」という章については，省略。
（出所）国家発展改革委員会，外交部，商務部「シルクロード経済帯と21世紀の海のシルクロードを共同で推進するビジョンと行動」2015年3月28日より，筆者作成。


ルートの確保のために，中国国内の体制整備，それにともなう地域開発が期待されているのである。


## 2.3　進捗状況

　構想のフレームワークからも見られるように，「一帯一路」は具体的には沿線各国とのインフラ建設である。陸のシルクロードでは中央アジアを経由してヨーロッパへ，海のシルクロードは東南アジアを経由してヨーロッパへと向かうルートにおいて，鉄道，港湾等のインフラ建設を通して経済回廊を作ろうというものである（丁 2017）。

第 4 章　農村・農民―農村を発展させられるか？

　まず陸のシルクロードをみると，中国・ヨーロッパ鉄道の建設・整備がその柱である。中国・ヨーロッパ鉄道は陸のシルクロード沿線の主要都市を接続し，中国鉄道総公司によって組織され，貨物輸送を中心に展開する鉄道のことである。中国・ヨーロッパ鉄道は西部ルート（ホルゴス国境カザフスタン経由，トルガルト国境キルギス経由），中部ルート（エレンホト国境モンゴル経由），東部ルート（満洲里国境ロシア経由）の 3 つのルートから構成されている（なお，ヨーロッパまでは50本のルートがある）。鉄道建設は，新規建設は主に中国国内の新疆に集中しており，その他は国内，国外ともに既存鉄道の改造がインフラ整備の重点となっている。丁［2017］の分析によると，①運行中の中国・ヨーロッパ鉄道は中国の東部地域を起点にするものが多いが，建設中・計画中の鉄道は，西部地域を起点にするものが最も多い，②中国・ヨーロッパ鉄道とはいえ，ヨーロッパを終点とする路線の比重は全体の半分もなく，実際にはロシア，中央アジア，モンゴル，中東を終点とする路線の占める割合が大きい，と指摘する。

　陸のシルクロードは東南アジア，西南地域にも広がっている。雲南（昆明）を起点として，ミャンマー，ラオス―タイ，ベトナムの 3 つのルートについて，高速鉄道，高速道路の建設が始まっている。少なくとも中国側のルートのインフラ整備は着実に進んでいる。

　海のシルクロードでは，沿線各国への港湾のコンテナターミナル中心に投資が集中している。丁［2017］は「フィナンシャルタイムズ」の記事を引用しつつ，世界のトップ50のコンテナターミナルの 3 分の 2 は中国の投資を受け入れ，中国が関与しているコンテナターミナルで扱うコンテナの数は2015年で 7 割近くになることを報告している。2015年の港湾投資先は東南アジア（シンガポール，マレーシア，ミャンマー），南アジア（スリランカ，パキスタン），中東（エジプト，イスラエル），ヨーロッパ（ギリシア，イタリア，ベルギー）と一帯一路沿線各国万遍に広がっている。

　インフラ建設が進む一方で，生産過剰産業の国際的な移転をも進めている（佐野 2016，2017）。2015年 5 月に中国政府は海外への産業移転促進方針を発表している（国務院「生産能力・設備製造分野での国際協力の推進に関する国務院の指導意見」）。それによると「一帯一路」戦略にそって国際的な産業協力を推進するとし，とくに発展途上国が協力の主要なパートナーであり，佐野［2017］はこの産業協力を「（中国）政府は，周辺諸国を国内の過剰生産業種やインフラ関連企

79

業にとって最も重要な進出先と位置付け，政策支援でそうした移転を加速させたいとの意図が読み取れる」と指摘している。

具体的な例として，佐野［2017］は「中国政府は各国との間で「国際産能合作」，すなわち中国からの移転を柱とする産業協力を働きかけ，22カ国と協力に関する覚書を署名」したとし，「とりわけ産業協力の進展が著しい例にあげられるのがインドネシアとカザフスタン」だという。すでに「インドネシアとの間では，両政府が鉄道や高速道路などのインフラ整備，鉄鋼，非鉄金属，建材といった業種で協力を拡大していくことを確認している。カザフスタンとの間では，鉄鋼，非鉄金属，板ガラス，水力発電，石油精製など，33件，計236億ドルの産業協力を行うことが決定している」。

この産業移転促進の重点業種はインフラ関連に集中している。おもに鉄鋼，建材，鉄道（設計，施工，設備提供，維持運営），紡績，食品加工，家電・電力および資源開発である。

# 3 対外開放と三農問題

## 3.1 グローバル化と貧困，農村，所得格差

新古典派経済学の考えでは，貿易自由化にはメリットしか存在しない。財・サービスの交易の自由（自由貿易）は，ヘクシャー・オリーンの定理により価格（したがって所得）水準は平準化する。つまり自由貿易は貧しい国の所得水準を上昇させることになる。財・サービスの取引だけでなく，資本や労働の移動を前提にすれば，さらに遅れている国と発展している国の所得格差はなくなる。貧しい国の人々は豊かな国の職あるところに移動し，資本は相対的に資本が豊富な先進国ではなく資本が少ない，つまり限界資本生産性の高い途上国に移転するためである。

理論的にはそうだったとしても，国際経済学の教科書は，貿易の自由化がもたらす弊害を認めている。例えば，一部の比較劣位産業が国際市場での競争で負けることが指摘されており，そのため強い条件の下で（ミルバステーブル基準）幼稚産業を保護することが認められている。あるいは，直接投資で投資国がもたらす弊害としては，国内産業が海外に進出することにより，産業空洞化が起こり，失業が発生する可能性があることが指摘される。ただし長期的にはグローバリゼ

ーションは世界市場の統合をもたらし，財・サービスおよび資本の地域的な最適な配分をもたらし，先進国，途上国双方に厚生を増加させるとしている。もし，貿易面では比較劣位産業が，直接投資面では産業空洞化の対象が貧困層の多くが従事する産業（例えば農業や労働集約型産業）であるならば，一時的にせよグローバリゼーションは貧困を悪化させる可能性がある。

よしんば，グローバリゼーションが新古典派の指摘するように長期的には経済成長をもたらし，絶対的貧困層の数を減少させたとしても，増加した付加価値が貧困層に配分されないならば，貧困問題解決にはつながらない。

Harrison［2006］は，これまでのグローバル化と貧困の問題について，多くの学者が上記のようにグローバル化によって貧困国は非熟練労働を利用した比較優位のある財の生産によって貧困を助けるという古典的な経済学的帰結について，条件をつける。それはあくまで適切な政策を実施したのみ，グローバル化によって得られた果実を貧困層に与えるという。適切な政策とは，人的資本やインフラへの投資，農村における信用供与や技術援助，安定的なマクロ経済政策を指す。逆をいえば金融危機のような不安的なマクロ環境は貧困層により大きな打撃を与えるという。さらに彼女は貿易と外資導入改革は輸出企業や外資系企業の貧困者へ便益を供与するが，貧困者層の勝ち組と負け組という二分化を生み出すとしている。

Bergh and Nilsson［2014］は，グローバル化と貧困の関係について，これまでの見方，すなわち，グローバリゼーション→成長→貧困という流れについて，疑問を呈している。大量の世界中の国々のデータを用いて回帰分析を行い，グローバル化と貧困には確かに負の相関関係（グローバル化が貧困を減少させる，あるいは貧困の減少とともにグローバル化が進む）を確認している一方で，彼らはグローバル化は貿易制限撤廃による輸入品価格の低下（実質所得の上昇）という価格，所得への影響と，グローバル化がもたらす情報の流れへの影響が最終的に成長をもたらし，あるいは貧困に影響を与えるとしている。

中国に関するグローバル化と貧困に関する文献をみてみよう。

グローバル化と中国の所得格差を論じたものとしては，Xue, Luo and Li［2014］がある。改革開放によって自由化とグローバル化が進む中，経済成長と所得格差の関係にはクズネッツが指摘するような逆U字カーブは出現しないと指摘する（1986年から2001年）。また同時に格差が1980年代の改革開放前期には

経済成長をもたらしていたが，1994年以降，その効果はなくなってきているという。少なくとも所得格差は中国の経済成長のマイナス要因になってきていると指摘する。ただし，本章では経済成長と所得格差に注目しており，経済成長は開放政策から恩恵を受けていると暗黙に仮定されている。なお，所得格差の源泉として教育の差が大きいことも本章は指摘している。

このようにグローバル化は理論的にも実証的にも貧困全体に悪影響を与えているわけではない。ただしグローバル化によって単純にかつ一律にすべての貧困がなくなると考えるわけにはいかず，ある程度留保をつけて考えること，そのチャネルは単純ではないことに気をつけなければならない。

## 3.2 「一帯一路」と農村

以上の議論から，「一帯一路」の意味を整理し，それが国内経済，なかんずく農村経済に与える影響を整理してみよう。

まず「一帯一路」は1978年から始まった開放政策の一環でとらえるべきであろう。中国は，経済特区や経済開放区を設置して外資を導入し，積極的に輸出を促進させてここ数年世界第1位，2位の貿易大国となった。そして国内で力をつけ始めた中国国内企業が2000年代ころから海外進出（走出去）を始めた。「一帯一路」をこの流れに位置付けると，間違いなく開放政策の一部であり過去からの連続的な流れである。

同時に「一帯一路」は，前節でもみたように自由貿易の推進という側面も強い。2000年にWTOに加盟して以降，中国はASEANとのFTAを皮切りにアジア地域の自由貿易を推進してきた。自由貿易のルール作りに積極的に関わり主導することによってアメリカではない中国主導の自由貿易が目指されているといえる。「一帯一路」もシルクロード基金や国際機関としてのAIIBを設立し，インフラ建設面においてアジア地域にとどまらずユーラシア大陸全体での主導権を握ろうとしている。港湾や鉄道建設を支援することによって，ハード面での自由貿易推進に間接的に寄与することになるだろう。

「一帯一路」を海外インフラ建設プロジェクトの推進や産業移転など，資本の海外進出という側面から考えると，農村に与える負の影響は①産業移転により雇用が減少する，②資本のクラウンディングアウト，つまり農村へ投資すべき資本が減少し，有限な資本が海外に移転して，投資されるべき国内への資本が減少し

第4章　農村・農民—農村を発展させられるか？

てしまうこと，などが考えられる。これにより農村開発の資本不足などが予想されうる。

　次に「一帯一路」が開放政策の一環として一層の輸出入の拡大をもたらすという側面から考えると，輸出産業における農村雇用の拡大という正の影響が考えられる一方，輸入増加による国内産業への打撃，それに伴う農民工の雇用削減などが考えられる。

　3つめに「一帯一路」という政策的な錦の旗を手に，地方政府幹部が積極的な経済マインドをもち，その地域の経済開発に力を入れることがある。地方政府は中央政府の政策方針の打ち出しがあれば，その対象になることを期待する（穆2018）。地方政府は補助金を期待したり，中央の意向に沿っていることを示して，幹部評価を少しでもよくしようとするからだ。いずれにせよ地方政府の積極的な開発姿勢は貧困の減少につながることが期待できる。

### 3.3 定量的観察

　「一帯一路」の効果を直接測定することは難しい。理由の1つは，「一帯一路」の範囲を決めることが難しいからである。前にもみたように，「一帯一路」は多くの国にまたがって，多種多様なインフラプロジェクトが実行されている。これを一つ一つプロジェクトの実施規模，期間，投資金額等をすべて入手することはほぼ不可能である。

　もう1つの理由は，「一帯一路」自体が経済政策というよりも，中国政府が認めるように「イニシアティブ」という側面がある。これは，「一帯一路」が検証できる具体的な政策内容を持っていないということになる。

　最後の理由として，しかし最も重要であり，かつ中国によくあることだが，指導者による政策提言は政治的には時期的に区切れても経済的に時期を区切ることが難しい。例えば1999年末に江沢民が「西部大開発」を打ち出し，翌年国務院の中に西部弁公室が設置されるなど，政治政策的には2000年から「西部大開発」が始まったと指摘できる。しかし，西部大開発の代表的なプロジェクトとみなされたチベット鉄道や南水北調（南の水を北に運ぶ）等は政策提言以前からすでに開始されていたし，内陸部の開発は「西部大開発」といったタイトルがない状態で実際には1996年からの第9次五カ年計画から徐々に実施されていた。「一帯一路」もまったく同じで，プロジェクトによっては「一帯一路」が提唱される前から実

83

施されているものも少なくない。政策効果を検証するには時間軸でも明確な区切りを設定することが難しい。

　ここでは，以下のような論理で，「一帯一路」の国内効果を考えてみたい。まず「一帯一路」は対外開放政策の一環であり，インフラ建設は自由貿易推進の物理的手段であると位置づけ，貿易の拡大や対外直接投資の推進と定義する。

　　　「一帯一路」＝対外開放政策の延長＝自由貿易の拡大

　　　輸出入の拡大→ GDP 上昇→貧困の減少
　　　　　　　　　→情報量の上昇→貧困の減少

　以下，定量的な統計的事実を確認していくが，農村への影響はシンプルに農民の所得効果を観察することとする。本章の仮説は，「一帯一路は国内なかんずく農村の発展に不利である」というものである。

## (1) 貧困

　中国の経済成長は疑う余地もないが，成長の指標として１人当たり GDP を用いる。１人当たり GDP と貧困人口の変化をみてみよう（図４-１）。

　中国の経済成長は間違いなく貧困人口を減少させている。国連のミレニアム開発目標では，2015年に世界の貧困人口を規準年（1990年）より半減させる目標をたてていたが，2016年の最終報告書では貧困人口は19億2600万人から８億3600万人になったという。この10年間で約10億人が貧困から抜け出すことができたわけだが，このうち中国の貧困人口は約７億人減少しているので，中国は経済発展によって多くの貧困をなくしたことになる。

　実際，現在中国は貧困人口の減少に力を入れている。貧困人口の多い西南地域でも中国政府は農村都市化による貧困村の開発を実施しているのが現状だ（岡本2018）。

　次に都市と農村の格差をみてみると，時期によっては，都市農村格差は拡大している。1990年から1994年まで急激に都市農村間格差は拡大したが，以降の３年は減少している。1997年から格差の縮小は2.47倍で止まり，その後ゆるやかに格差は拡大し始め，2009年には3.33倍にまで広がった。そして2015年までは格差は

第4章　農村・農民—農村を発展させられるか？

**図4-1　1人当たりGDPと貧困人口の変化**

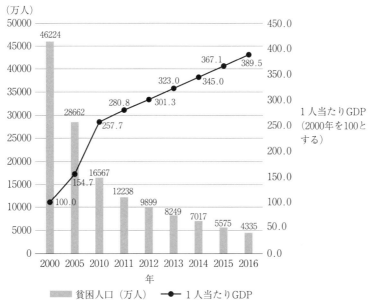

（出所）中国統計出版社『中国統計年鑑2017年』より筆者作成。

**図4-2　都市住民と農村住民の格差**

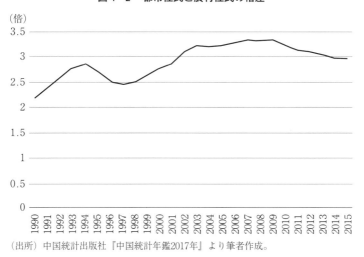

（出所）中国統計出版社『中国統計年鑑2017年』より筆者作成。

85

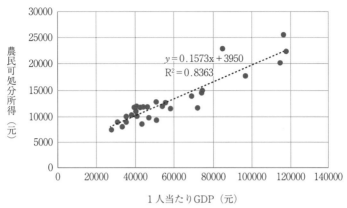

図4-3 各省1人当たりGDPと農民可処分所得（2016年）

（出所）中国統計出版社『中国統計年鑑2017年』より筆者作成。

ゆるやかに減少し，2015年時点で2.95倍にまで減少している（図4-2）。都市農村格差の変動を見る限り，中国の経済成長の果実はまんべんなく都市農村に行き届いたわけではないが，少なくともここ7〜8年は農村にも所得面で改善されてきたといってよい。

次に，クロスセクション面のデータから見てみたい。図4-3は省別の1人当たりGDPと農民可処分所得の相関をみたものである。浙江省と上海市は1人当たりGDPに対して，農民可処分所得がかなり高くなっている一方，内モンゴルは農民の可処分所得は相対的に低いという結果になっているが，総じて相関はかなり高い（相関係数0.863）。因果関係を断ずることは避けなければならないが，経済成長と農民所得の増加の相関性は十分納得のいくものと思われる。

経済成長と開放政策の相関関係をみてみよう。開放政策の結果としての変数として1人当たり輸出入額を選んだ。開放の指標としては直接投資の受け入れ額もあげられるが，直接投資の受け入れ額と輸出入額の相関は非常に高い[4]（相関係数0.925）ので，ここでは人口で平準化した1人当たりの輸出入額が開放の度合いを示すものとして採用した。結果は，図4-4にあるとおりである。経済成長

---

4）進出海外企業数（直接投資）と輸出入額（貿易）も強く相関している。これは理論が想定するとおりであり，貿易先で生産を開始する投資が大きいことを意味する。すなわち，貿易額が大きい＝市場が大きいで市場を目当てにした投資が行われているといえる。

第4章　農村・農民─農村を発展させられるか？

図4-4　省別1人当たりGDPと1人当たりの輸出入（2016年）

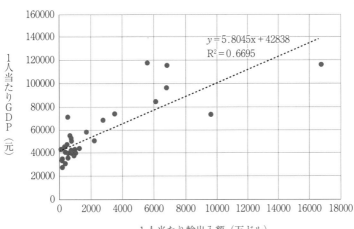

（出所）中国統計出版社『中国統計年鑑2017年』より筆者作成。

を需要側からみた場合，消費，投資，輸出入がその構成要素となるので，輸出入額で経済成長すべてを説明できない。実際，北京，天津は輸出入額に対して1人当たりGDPが高く，広東や上海は1人当たりGDPが輸出入に対して相対的に低い。それでも各省の経済成長と開放政策の相関は高いといえるだろう。

以上の定量的観察と先行研究から，開放政策─経済成長─農村住民の所得増加には強い相関関係があり，農村部への富の普及は平たんではないが行き渡りつつあり，着実に貧困人口は減ってきたといえる。

### (2) 情報

次に，そのチャネルを考えてみよう。開放がもたらす「情報」についてのデータをみてみる。「情報」については電子商取引額，電子商取引を行う会社数，ウェブサイトを持つ会社数，100人当たりのPC保有台数などのデータが統計年鑑で公開されている。会社数は省別企業数に依存し，PC保有台数は省ごとに大きな違いがないことから[5]，電子商取引額を各省の人口で平準化したものを「情報

---

5）インターネットに接続するデバイスの大部分はスマートフォンであるので，PC台数では差が出ないと思われる。

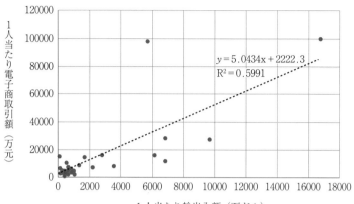

化」の進展度合いを表す変数として採用した。結果は図4-5に示されている。北京は1人当たりの輸出入額が小さくても電子商取引額が大きい。これは首都という地の利を生かし、大きな消費需要がインターネット需要で取引されていることを示唆する。浙江、江蘇、天津、広東は輸出入額に比べて電子商取引額が小さいように見えるが、他地域に比べれば多いので、開放政策の恩恵を受けている地域はやはり電子商取引で示される情報化は進んでいるといえる。ただし、青海省のように内陸地域かつ輸出入の少ない地域で相対的に電子商取引が発展している地域もあることに注意する必要がある。総じて、他のデータに比べて、少し相関係数は小さくなっているが、まったく相関がないとも言えない数値ではあろう。

こう見てくると、「一帯一路」で表現される開放政策は、先行研究がいうような必ずしも情報化という側面で有利となり、農民の可処分所得が上昇しているという経路を通っているとは断言できないかもしれない。

(3) 農家所得

農村住民の可処分所得はどのように構成されるであろうか。農村住民の所得の源を地域別に整理したものが、図4-6である。沿海部から内陸部（中部、西部）にいくにしたがって、農民の所得は減少していく。圧倒的に大きな所得があるのは沿海地域の農民である。そして農民の所得を左右するのが給与所得である。す

第4章 農村・農民―農村を発展させられるか？

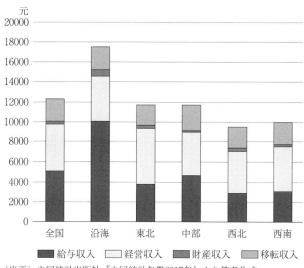

図4-6 農村住民可処分所得の構成（2016年）

（出所）中国統計出版社『中国統計年鑑2017年』より筆者作成。

なわち農業以外の収入源，とくに郷鎮企業などで働く場所があるかないかが大きく左右していることがわかる[6]。東北地域では経営性所得の割合が相対的に高いが，他地域とともに一般的に賃金収入がある農民の方が豊かになる可能性が高い。

農村の貧困原因を探ったものに厳［2010］がある。貴州省のサンプル調査からの統計分析によれば，耕地面積の大きさ，出稼ぎ就業の重要性，学校教育，技能研修の重要性が指摘されている。実際，山口［2006］の分析でも，農家所得において，農業所得よりも賃金所得の割合が増加しており，賃金所得の多寡が農村の豊かさを決めている。つまり，豊かな農村では給与性収入（出稼ぎ）が大きな割合を占めており，農民に対する就業機会は貧困脱出にとって重要である。またMarukawa［2017］は，中国の失業率が，地域的に差異が存在し，そしてその差異は固定化される傾向にあることを指摘し，その原因について計量と事例分析から明らかにしている。ルイスモデルを利用しつつ，国有部門の存在は失業率を高くし，資本家部門（民間部門）が発展していると失業率を下げる。生存部門（農

---

6）沿海部の発展している農村では都市化が進み，農業をせずに集団所有制の土地利用の配当もある。図4-6ではおそらく財産収入に含まれるものと思われる。

表4-3　中国の海外投資と国内投資

|  | 全世界への海外投資（億元） | 全社会固定資本投資（億元） | 比率 |
|---|---|---|---|
| 2015年 | 9,072.9 | 561,999.8 | 1.6% |
| 2016年 | 13,028.3 | 606,465.7 | 2.1% |

（注）海外投資は米ドル表示であるが，年平均人民元レートで元換算とした。
（出所）国家統計局ウェブサイト。

業部門）は労働供給を行い，この存在が資本家部門の発展に影響を与えるとする。すなわち，農業部門と外資も含む民営企業の存在が雇用機会を提供するため，賃金収入は農村の発展にとって鍵になっているといえるであろう。

　それでは，「一帯一路」で海外投資が増え，農民の雇用機会を奪っているという見方ができるだろうか。そこで，海外投資の金額と国内の全社会固定資本投資の金額と比べたものが表4-3である。これをみると，海外投資の金額は圧倒的に小さく，農村開発に必要な資本がクラウンディングアウトされているとは言えないのが現状であろう。

　以上簡単な定量的事実を見てきたが，現時点では
(1)　経済成長につれて貧困人口は減少している
(2)　経済成長は着実に農村の所得上昇につながっている
(3)　国際貿易の盛んな地域は経済成長が速い
(4)　対外開放地域は電子商取引（情報）も盛んであるが
(5)　開放政策自体が中国の農村に悪影響を与えている統計的事実はない
ことが指摘できよう。


## 4　おわりに

　習近平が2013年に提案したシルクロード経済帯，21世紀海のシルクロードは，「一帯一路」と呼ばれるようになり，2015年3月に「一帯一路」ビジョンとして戦略としての具体化がなされた。

　中国国内の学者がいうように，「一帯一路」戦略は国際戦略，対外開放戦略の一つである。実際，政府によって提出された「シルクロード経済帯と21世紀の海のシルクロードを共同で推進するビジョンと行動」をみてみると，自由貿易地域の拡大及び推進，産業団地や港湾を結節点とした貿易ルートの確立，そのために

第4章　農村・農民―農村を発展させられるか？

必要な資金融通が柱になっている。

　一方で，中国国内地域の発展，とくに農村や農民にはメリットとデメリットが考えられる。メリットとしては，産業団地（開発区や新区など）の設置による新しい産業の誘致，そして物流インフラ（鉄道，港湾など）の建設，改善は，貿易が不利だった内陸地域にも経済成長のチャンスをもたらす。デメリットとしては，さらなる開放政策の推進によって，比較劣位にある産業の雇用機会の喪失が考えられるし，よしんば経済全体に成長が促されたとしてもその果実が貧困層に届く保証はない。

　しかし，定量的観察からは，現状のところ大きなデメリットはないようである。少なくとも明確な農村地域への悪影響は観察されなかった。「一帯一路」自体が国内なかんずく貧しい農村地域の発展を遮っている様子はない。

　現時点では，「一帯一路」によって重慶のようなシルクロード結節点にとっては一時的に活気をもたらす可能性はあるが（岡本 2015），他地域の農村にとってはとくに大きな変化はないといえる。

　とくに悪影響を与えない理由は以下の2点に集約できるであろう。1つは「一帯一路」戦略が提起されてまだ数年であるため，長期的な評価は下しにくいこと，2つ目は，「一帯一路」ではインフラ輸出や重工業（資本集約型）産業等の移転であるため，農民の雇用自体に直接影響を与えるとは考えにくいこと，である。

　「一帯一路」が農村に影響を与えるとするならば，今後，国有企業進出にともなって農村が労務輸出の供給源となること，各地域との農業協力や電子化（電子商取引の活発化），農業産業化の進展にともなう輸出の可能性などが考えられる。


**参考文献**

**日本語文献**

伊藤亜聖［2015］「中国「一帯一路」の構想と実態―グランドデザインか寄せ集めか？」
　　　『東亜』No.579（2015年9月号），pp.30-40

大西康雄［2015a］「国家発展改革委員会と産業政策―物流業政策をケースとして」佐々
　　　木智弘編『変容する中国・国家発展改革委員会』研究双書 No.617，日本貿易振興
　　　機構アジア経済研究所

――［2015b］「都市化の中の物流業」天児慧・任哲編『中国の都市化―拡張，不安定
　　　と管理メカニズム』研究双書 No.619，日本貿易振興機構アジア経済研究所

岡本信広［2012］「中国の国内市場統合と国際経済統合（第13章）」浦田秀次郎・栗田匡
相編『アジア地域経済統合（アジア地域統合講座)』勁草書房

──［2014］「中国とアジアの経済統合：国際産業連関モデルからのアプローチ」『比較
経済研究』Vol.51 No.2, p.2_31-2_41, http://doi.org/10.5760/jjce.51.2_31

──［2015］「一帯一路は内陸部を発展させられるか？─重慶を事例に」『ERINA RE-
PORT』環日本海経済研究所, No.127, pp.46-52

──［2018］「内陸部の都市化─貴州省を事例に─」岡本信広編『中国の都市化と制度
改革』No.635, 日本貿易振興機構アジア経済研究所

厳善平［2010］「中国農村における貧困とその発生メカニズム：貴州省農家調査に基づ
く実証分析」『桃山学院大学経済経営論集』第51巻第3/4号, 43-67

佐野淳也［2016］「新常態下で積極化する中国の対外経済戦略─一帯一路を中心に─」
『JRIレビュー』2016 Vol.3, No.33, pp.6-27,
(https://www.jri.co.jp/MediaLibrary/file/report/jrireview/pdf/8721.pdf)

──［2017］「一帯一路の進展で変わる中国と沿線諸国との経済関係」『JRIレビュー』
2017 Vol.4, No.43, pp.24-39

朱炎［2015］「中国の対外投資と一帯一路戦略」『東亜』No.579（2015年9月号), pp.
20-28

丁可［2017］「「一帯一路」構想における交通インフラ整備と産業集積形成」上海社会科
学院・日本貿易振興機構アジア経済研究所編『「一帯一路」構想と中国経済』調査
研究報告書, 日本貿易振興機構アジア経済研究所

日本貿易振興機構（JETRO）編［2017］『ジェトロ世界貿易投資報告』日本貿易振興機
構（https://www.jetro.go.jp/world/gtir/2017.html, 2017年11月23日アクセス）

日本貿易振興機構（JETRO）［2017］「中国　WTO・他協定加盟状況」（2017年2月28
日更新版, https://www.jetro.go.jp/ext_images/jfile/country/cn/trade_01/pdf/
cn1A010.pdf)

穆尭芊［2018］「地域開発と都市化─地方主体の地域発展戦略を中心に」岡本信広編
『中国の都市化と制度改革』No.635, 日本貿易振興機構アジア経済研究所

山口真美［2008］「西南農村の就労構造と出稼ぎ支援政策」岡本信広編『中国西南地域
の開発戦略』アジ研選書10, 日本貿易振興機構アジア経済研究所

第4章 農村・農民─農村を発展させられるか？

**英語文献**

Bergh, Andreas and Nilsson, Therese. [2014] Is Globalization Reducing Absolute Poverty?, *World Development*, October 2014, Vol.62, pp.42-61, http://dx.doi.org/10.1016/j.worlddev.2014.04.007

Harrison, Ann. [2006] Globalization and Poverty, NBER Working Paper No. 12347, http://www.nber.org/papers/w12347

Marukawa, Tomoo. [2017] Regional unemployment disparities in China, *Economic Systems* 41, pp.203-214, http://dx.doi.org/10.1016/j.ecosys.2016.11.002

Xue, Jinjun; Luo, Chuliang; and Li, Shi. [2014] Globalization, Liberalization and Income Inequality: The Case of China, *Singapore Economic Review*, Vol.59, Issue. 1, pp.1-21, https://doi.org/10.1142/S0217590814500027

**報道等**

国家統計局［2018］「2017年全国農村貧困人口明顕現象 貧困地区農村居民収入加快増長」（http://www.stats.gov.cn/tjsj/zxfb/201802/t20180201_1579703.html，2月1日）

『中国自由貿易区服務網』（http://fta.mofcom.gov.cn/，2017年11月14日アクセス）

商務部，国家統計局，国家外貨管理局連合［2016］『2015年度中国対外直接投資統計公報』2016年12月8日（http://hzs.mofcom.gov.cn/article/date/201612/20161202103624.shtml）

日本経済新聞［2017］「貿易額，中国が2位転落　4年ぶり米が首位に」4月12日

日本経済新聞［2017］「一帯一路会議閉幕，中国経済圏へ一歩。」5月16日

## ■第5章■ 人流・物流──鉄道輸送の経済効果をどの程度変えるか？

### 南川高範

### 1 はじめに

　本章は，「一帯一路」構想が進む中で，中国経済がどのような変貌を遂げていくのかについて考察を行うために，鉄道交通の要衝である河南省を事例として定量的な検証を行う。また，「一帯一路」構想より前に進められてきた鉄道網計画が構想により促進された事例を紹介するが，これは本書で強く意識している「一帯一路」構想のプラットフォームとしての性格とも整合的なものである。「一帯一路」構想のもとで，現状ではインフラ等の未整備により阻まれている欧州との経済活動・人的交流を活発にしていくという方針があきらかにされており，すでに国内でも様々な分野での政策が進められている。鉄道交通は「一帯一路」構想を進めるための重要な手段の1つであり，中国と欧州を結ぶ定期列車である中欧班列が「一帯一路」の代表的なプロジェクトとなりつつあることを示す中国国内の報道もある[1]。

　本章で，考察対象とする河南省は，中欧班列と国内鉄道整備計画の両方において，地理的な重要性をもっている。省都である鄭州市は国内鉄道網において北京と広州の南北を結び，連雲港と蘭州を結ぶ東西の結節点である。また鄭州市にはアジア最大の貨物輸送を誇る鄭州東駅を擁し，また列車組成の点でもアジア最大の鄭州北駅を持つ。このような点からも，「一帯一路」構想で進める交通ネットワークのインフラ整備は，河南省経済に大きな変化をもたらすことが予想される。

---

1 ）人民網「中欧班列，一帯一路金名片」2018年7月10日付
　http://m.people.cn/n4/2018/0710/c22-11261519.html（2018年8月14日確認）

## 1.1 「一帯一路」構想とは

　ここではまず，「一帯一路」構想の根底にどのような発想や理念があり，どのような中国の将来の姿を想定しているのかについて，先行研究を中心に概観する。河合［2016］は，「一帯一路」構想に関する政府文書「共建絲調之路経済帯和21世紀海上絲調之路的願景与行動」（「シルクロード経済帯と21世紀海上シルクロードを共同で建設することを推進するビジョンと行動」（以下，「ビジョンと行動」））の内容から「一帯一路」構想の特徴を指摘している。「一帯一路」構想の特徴を表すキーワードとして，平和協力，開放と包容，相互学習，相互利益とウィンウィンという4つが示されている。また「ビジョンと行動」の中で，「一帯一路」構想が目指す中国経済の姿として政治の相互信頼，経済の融合，文化の包摂の実現が挙げられている。具体的には国連憲章のルールや市場，通商ルールなどの国際規範に従いつつも，政府の役割を発揮する共同体を目指すとしている。これによりアジア，中東，欧州にまたがる巨大な経済圏の構築を目指すというのが，中国政府の目指す「一帯一路」構想による中国の将来の姿であると考えられる。

　これに対してCheng［2016］は，「一帯一路」構想の目的が，中国経済の成長と安定化，米国のアジア重視政策を受けてのアジアでの権益確保であるとみている。ここでは「一帯一路」構想の目的が，過剰生産性の解消であるとみなし，低迷している中国国内の財貨・サービスへの総需要を補填しつつ，頭打ちとなっている先進国への輸出を拡大することであるという見方も示されている。それ以外に，「一帯一路」構想のもとで，天然資源を擁する国への直接投資を行い，中国による対外直接投資拡大方針（走出去）の一環であるとしている。こうした目に見える形での経済効果以外には，人民元の国際化を進めるために，世界で構成される外貨準備の一部となることを進めることや，周辺諸国との外交上の関係強化，環太平洋経済連携協定（Trans-Pacific Partnership: TPP）により東南アジア諸国との関係を強める米国に対抗するための中国の対外政策の一環とする見方が示されている。同様の意見はHuang［2016］でも示されており，「一帯一路」構想の特徴について，新たな国際経済関係の樹立，国際的な中国の発言力の強化，貿易の促進と金融支援，人的往来を進めるためのインフラ開発，経済関係の方針と政策の両面における新たな関係の構築，機会の創出という変化が「一帯一路」構想により起こることが期待されているとしている。

Chaisse and Matsushita［2018］は，「一帯一路」構想が中国の資源分野に関わる安全保障に寄与するとしている。中国は，アフガニスタンから銅，鉄，その他の資源の供給を受けており，またアラビア半島から供給される石油や液化天然ガスにも依存している。こうしたアラビア半島からの資源供給には，海賊問題などを抱えるマラッカ海峡の通過，米国との政治的な摩擦を引き起こす可能性がある南シナ海の通行が必要である。「一帯一路」構想のもとで，陸路のインフラ整備が進むことによりこうした側面における安全保障問題を解決することが，期待されるとしている。

　こうした観点から，「一帯一路」構想の特徴として，沿線諸国におけるインフラ整備という形で，国際公共財の供給を行うものであるということは，共通している。またこうした国際公共財の供給を含む構想を提唱する背景には，新たな経済成長のエンジンの模索や，資源分野に関連する安全保障問題の解決など国内の事情を多分に反映するものであることが指摘されている。一方で，「一帯一路」構想に伴い，中国が輸出主導の経済成長から，消費主導の経済成長を模索し，持続可能な経済成長に向かっていくことは，多国間にまたがる社会資本の供給以上に国際経済の発展に寄与するものであるといえる。本章では，既存研究が注目する「一帯一路」構想の対外的効果ではなく，中国国内の変化の一つとして鉄道網の整備に注目し，その効果を測る。

## 1.2　2つの鉄道計画と河南省

　ここからは，「一帯一路」構想に伴い，整備が進んでいくことが考えられる2つの鉄道計画に言及する。「一帯一路」構想が本格的に始動する以前から，中国では，鉄道整備計画が進められていた。国内の鉄道整備計画については，中国国家発展改革委員会による文書「中長期鉄路網規画」に詳細が示されている[2]。中国国内の鉄道総延長は，2015年時点で，12.1万キロメートルで，そのうち高速鉄道の路線は1.9万キロメートルである。この鉄道網は，2020年までに総延長15万キロメートルまで拡大され，そのうち高速鉄道を3万キロメートルまで拡大する

---

2）国家発展改革委員会「中長期鉄路網規画」2016年7月13日通知 http://www.ndrc.gov.cn/zcfb/zcfbtz/201607/W020170213333938328309.pdf
（2018年8月14日確認）

計画である。中国にとって鉄道インフラ，とりわけ高速鉄道は，国内の社会資本としての側面だけでなく，対外投資，対外輸出の対象としても発展が望まれる分野となっている。その高速鉄道は，従来東西4本，南北4本の幹線鉄道を基調とした四縦四横計画として進められてきたが，この計画は，八縦八横計画に拡充され，50万人以上の大規模都市を中心に，全国を列車で結ぶというものである。具体的には，隣接する都市圏間は1～4時間で，都市圏の内部では0.5～2時間程度で移動できるようにすることで，経済の一体化を進めることが目的であるとしている。また普通列車（普速鉄道）についても，「一帯一路」の国際鉄道計画に呼応する形で，国内都市と国境都市を結ぶ鉄道網として整備されることが計画されている。

　一方で国際列車については，中国と欧州の都市を結ぶ中欧班列の計画が示されている。李［2016］によると中欧班列は，その基になる3つの国内幹線鉄道の路線を利用して，ロシア，モンゴル，中央アジアから欧州へと向かう鉄道である。幹線鉄道の1つは，中東鉄道とよばれる路線である。これは，中国東北地域から満洲里口岸[3]を出境してロシア，欧州へとつながる陸路であり，1903年に帝政ロシアが建設したシベリア鉄道のバイパスとして開通したものである。この幹線路を利用する中欧班列は，満洲里口岸を経由して欧州に向かう。2つ目の幹線鉄道は，中モロ鉄道とよばれ，1955年に建設された集二鉄道を前身としている。集二鉄道とは，内モンゴル自治区の集寧から二連浩特までを結ぶ路線であり，二連浩特口岸から出境する。この路線では，1960年代の中ソ関係の悪化の時期に，線路の軌道幅がソ連側採用の広軌から標準軌へと変更されたため，満洲里口岸と同様，二連浩特国境駅での積み替えが必要となる。3つ目の幹線鉄道はチャイナ・ランド・ブリッジ（China Land Bridge: CLB）とよばれる路線で，連雲港から河南省鄭州を通りアラシャンコウ（阿拉山口）口岸から出境する1万800キロの路線であり，古代のシルクロードと重なる部分が大きい。旧ソ連の崩壊に伴い，シベリア鉄道経由で欧州に向かっていた貨物が，CLBに移ってきたことや，政府が海路と鉄道の複合一貫輸送を進めていることから，日本，韓国から中東，欧州向け海上輸送コンテナを輸送するのに急激に用いられるようになった。CLBは標準軌であるが，中央アジアの各国も広軌を採用しているため，カザフスタン国境で

---

3）口岸とは出入国検査場を指す。

第5章　人流・物流―鉄道輸送の経済効果をどの程度変えるか？

の積み替えを要するが，2012年に高速積み替え施設を投入したことや，コルガス（霍爾果斯）経由のバイパス路線の供用によりコンテナ滞留の問題は，緩和したという。こうした主要鉄道を中心に中国国内の生産の拠点都市から欧州への貨物が，中欧班列として運行している。

　これらの幹線鉄道網は「一帯一路」構想の前から計画されたものであるが，「一帯一路」構想による欧州との物流の促進，交流の推進に伴い，鉄道インフラ整備の要求が高まり，整備による経済効果が国内各都市に還流することが期待される。そうした中で，河南省鄭州市は，鉄道輸送を中心とした交通の要衝である。河南省鄭州市は鉄道網において，京広（北京―広州）線と隴海（蘭州―連雲港）線が交差する地点である（董他 2018）。特に鄭州北駅はアジア最大の列車組成駅であり，鄭州東駅は貨物輸送駅としてアジア最大の駅の一つである。また鄭州はCLB の経由地であり，鄭州を終始発駅とする列車がアラシャンコウ経由で欧州に向かう。現状は，鄭州の輸送需要が超過需要の状態であり，輸送サービス供給能力の改善が必要であると指摘されている。また，王［2018］によると，鄭州はその地理的な利点を十分に生かし切れていないため，「一帯一路」構想の一環として，その運用改善を進めるべきであると指摘している。実際に董他［2018］や徐［2017］で「一帯一路」構想や CLB，欧州班列の整備により，貿易の拡大などに起因する経済効果が指摘されている。

## 1.3　鉄道の整備と経済成長，経済発展の関係について

　鉄道インフラの整備と経済の発展については，多くの先行研究がある。とりわけ日本の新幹線については，その経済効果を様々な視点から検討し，指摘する研究がある。田中［1999］では，東海道新幹線の開通により，移動時間の短縮や人的往来の活発化による消費支出の拡大に加えて，大気汚染物質の低下という効果があったことを指摘している。これは，同規模の人間が飛行機や乗用車により移動した場合に排出される，排ガスによる大気汚染の効果を想定したものである。また，同様の考え方として，同規模の人間が乗用車で移動した場合に，発生したと考えられる交通事故で失われる人命についてもその効果として提示している。平石［2011］は，日本における新幹線の例を挙げながら，地域振興の必要条件として鉄道インフラが挙げられると主張する。ここでは新幹線の効果として単純な時間の短縮ということではなく，1 時間移動圏内，4 時間移動圏内という経済圏

99

が新幹線の導入により拡大することで，より広域の経済圏が形成されることを示している。また都市がそれぞれの得意分野に特化し，それら複数の都市が新幹線により結び付けられ，1つの広域で重層的な特徴を持つ経済圏を形成することで，効率的な経済圏を実現することができることを示している。

定量的な検証を行った研究としては，山口［2017］があり，ここでは高速鉄道の生産性上昇効果に注目し，日本と欧州の事例を提示している。パネルデータを用いた回帰モデルにより，日本では，新幹線の開通がその地域の生産性上昇に寄与し，また長期的な経済成長率の上昇にも寄与することを示している。一方で，欧州では，高速鉄道の開通により，生産性上昇をもたらす効果はあるものの，長期的な経済の成長に対する寄与は認められなかったとしている。平出他［2017］は，日本の地域間産業連関表を用いて，北海道新幹線の北海道経済への波及効果と回帰モデルによる鉄道の経済成長への寄与について検証している。その中で鉄道インフラの整備により，他の経済圏と連結することで総需要の創出とそれに伴う所得の増大が見込まれることを指摘している。同時に，鉄道インフラの整備は運賃コストの上昇を伴うことも指摘され，北海道の例では，需要創出効果の方が大きいことを指摘している。Kojima et al.［2017］は，実際の経済指標から東北新幹線，九州新幹線の事例をもとに，新幹線が時間短縮，利用者拡大の効果に加えて，地域振興に寄与したことを示している。

高速鉄道と経済効果に関する研究は，中国においても行われており，鉄道計画が経済成長に対して寄与していることが示されている。劉・段［2016］は，鄭州から新疆を経由して欧州へ向かう鄭新欧線が河南省鄭州の経済発展に寄与したと主張している。これは，鄭新欧線が開通して以降の河南省経済の高い付加価値生産の伸びに加え，三次産業別産業構造の高度化や，ハイエンド製品の生産などをその論拠として指摘している。方［2016］は，「一帯一路」構想が進められて以降，外国貿易が加速したと主張している。河南省は総合交通ターミナルを有しており，東部の産業地域と西部の資源地域の連結，南北の経済取引において優位性をもつと指摘している。劉他［2016］は，「一帯一路」構想においてCLBが構想の実現にとって不可欠のものであると主張している。CLBはその輸送力，通年運航できるという利点や，海路に比べて安全な経路であるとともに，東西の経済構造を結びつけ，生産力や資源の効率性を高める効果をもたらすとしている。

ここまで見てきたように，中国は「一帯一路」構想のもとで，鉄道網の整備を

第5章 人流・物流—鉄道輸送の経済効果をどの程度変えるか？

図5-1 各省鉄道旅客輸送量の分布（2006年）

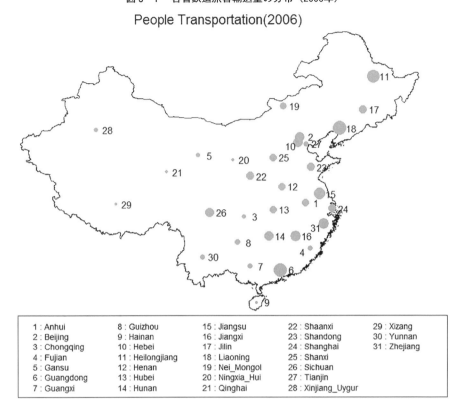

（出所）中国鉄路総公司『中国鉄道年鑑』2007年版のデータより筆者作成。

重視しており，河南省は鉄道網において重要な地点となりうる。このことから，河南省は「一帯一路」構想により，経済環境の変化を大きく受けると考えられ，本章ではこの点に関連して，「一帯一路」構想下の経済効果を産業連関分析の手法により検証する。本稿の以下の構成は，第2節で，使用するデータと経済の変化を定量的に計測する方法について紹介する。第3節で，実証結果を提示し，第4節で結論を述べる。

## 2 データと検証方法

ここまで，「一帯一路」構想下で鉄道整備が進められており，こうした鉄道イ

図5-2　各省鉄道旅客輸送量の分布（2015年）

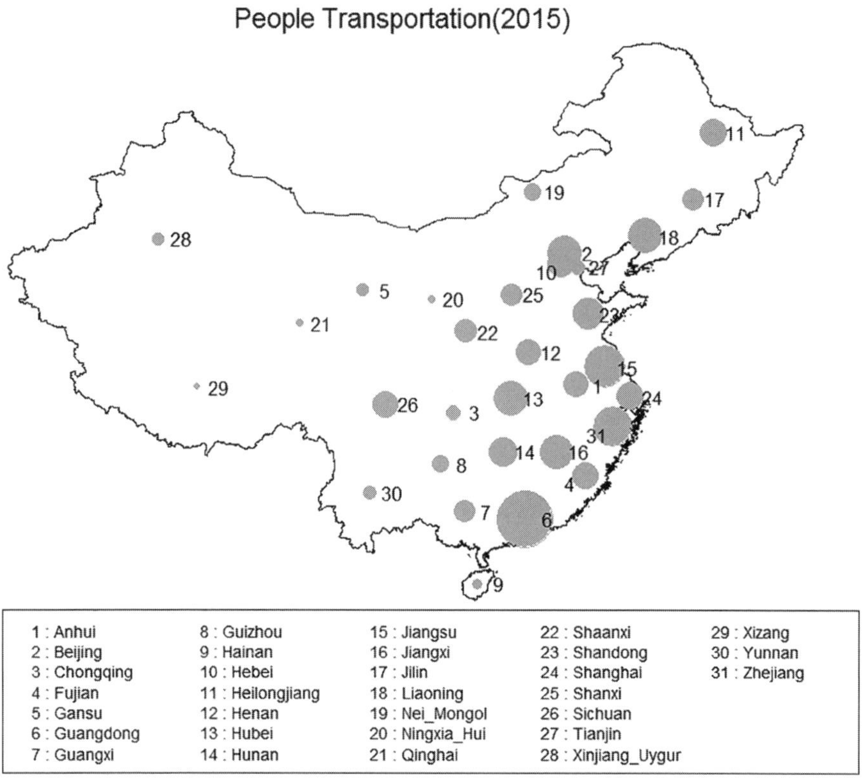

People Transportation(2015)

| 1：Anhui | 8：Guizhou | 15：Jiangsu | 22：Shaanxi | 29：Xizang |
| 2：Beijing | 9：Hainan | 16：Jiangxi | 23：Shandong | 30：Yunnan |
| 3：Chongqing | 10：Hebei | 17：Jilin | 24：Shanghai | 31：Zhejiang |
| 4：Fujian | 11：Heilongjiang | 18：Liaoning | 25：Shanxi | |
| 5：Gansu | 12：Henan | 19：Nei_Mongol | 26：Sichuan | |
| 6：Guangdong | 13：Hubei | 20：Ningxia_Hui | 27：Tianjin | |
| 7：Guangxi | 14：Hunan | 21：Qinghai | 28：Xinjiang_Uygur | |

（出所）中国鉄路総公司『中国鉄道年鑑』2016年版のデータより筆者作成。

ンフラの整備が河南省経済の成長，ならびに経済の成長要件の基底となっている
ものであることを示した。実際に鉄道輸送の現状をみると，貨物と旅客で異なる
特徴が示される。中国鉄道年鑑の地区別鉄路旅客輸送量のデータを基に作成した
図5-1と図5-2に2006年と2015年の各省の鉄道旅客輸送の分布を示した。円が
大きいものは，輸送量が多いことを示しており，円の大きさが表す輸送量は2006
年と2015年で同じものである。これら図をみると鉄道旅客輸送は全体的な増加の
傾向にあることがわかる。一方で中国鉄道年鑑の地区別鉄路貨物輸送量のデータ
を基に作成した図5-3と図5-4をみると貨物輸送は，2006年から2015年の間の
10年間で内モンゴル自治区と陝西省，もともと輸送量が大きかった山西省の3つ
の地域に集積していることがわかる。これらの図から，鉄道網の整備により人的

第5章　人流・物流―鉄道輸送の経済効果をどの程度変えるか？

図5-3　各省鉄道貨物輸送量の分布（2006年）

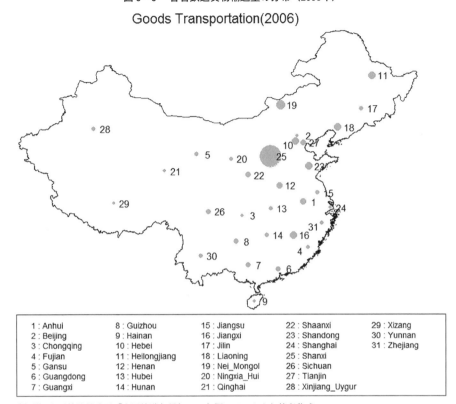

（出所）中国鉄路総公司『中国鉄道年鑑』2007年版のデータより筆者作成。

往来が全国的に促進された一方で貨物輸送に関しては特定地域への集中が見られることが示されている。

さらに，河南省の貿易について，鉄道輸送を利用した輸出と輸入の推移を示した図5-5をみると，輸出・輸入ともに2014年以降の急激な拡大が見られる。図5-5はIHS Markit社の国際貿易データベースGlobal Trade Atlasの中国各省輸送手段別の貿易データを使用して作成したものであるが，輸出は2014年に，輸入は2015年以降の持続的な拡大が見られる。このことから，「一帯一路」構想下の中国において，河南省経済の鉄道輸送貿易が拡大したことが見て取れる。

こうした経済の変化は，特定の産業に新規の需要をもたらすのみならず，経済全体の構成主体における所得の増加をもたらしうる。人的往来の促進により，河

図5-4　各省鉄道貨物輸送量の分布（2015年）

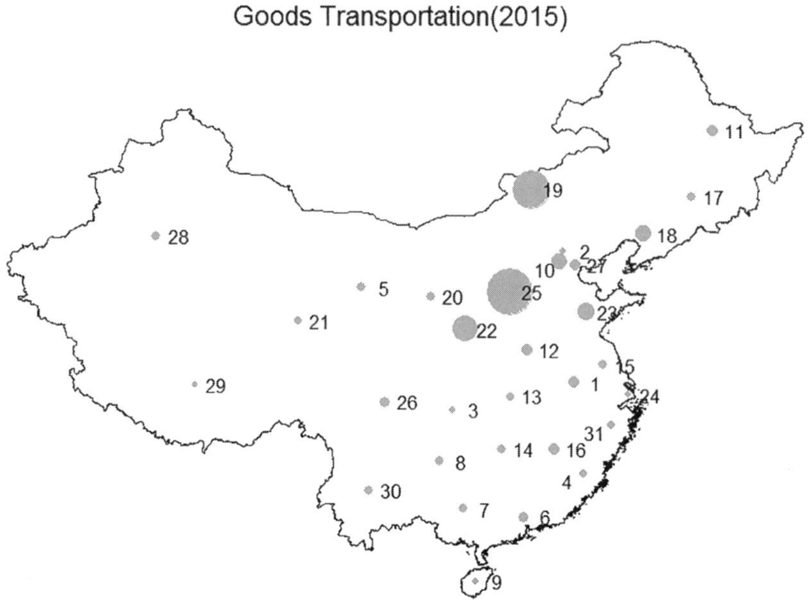

## Goods Transportation(2015)

| 1：Anhui | 8：Guizhou | 15：Jiangsu | 22：Shaanxi | 29：Xizang |
|---|---|---|---|---|
| 2：Beijing | 9：Hainan | 16：Jiangxi | 23：Shandong | 30：Yunnan |
| 3：Chongqing | 10：Hebei | 17：Jilin | 24：Shanghai | 31：Zhejiang |
| 4：Fujian | 11：Heilongjiang | 18：Liaoning | 25：Shanxi | |
| 5：Gansu | 12：Henan | 19：Nei_Mongol | 26：Sichuan | |
| 6：Guangdong | 13：Hubei | 20：Ningxia_Hui | 27：Tianjin | |
| 7：Guangxi | 14：Hunan | 21：Qinghai | 28：Xinjiang_Uygur | |

（出所）中国鉄路総公司『中国鉄道年鑑』2016年版のデータより筆者作成。

南省の観光収入が拡大するような場合には，観光支出品目を構成するホテル・飲食業や卸・小売産業などに生産と付加価値の増加をもたらすことになる。また，鉄道による貿易の拡大は，輸出産業の外貨収入という効果に加えて，その産業への原材料等の提供の形で，生産に関わる産業の新規需要の誘発が考えられる。ここでは，「一帯一路」構想下の中国における河南省の変化として，人的往来の促進に伴う旅行収入の増加，鉄道輸送貿易の促進に伴う外貨収入の獲得という2つの効果を検証する。

## 2.1　人的往来促進の効果

　『河南省統計公報』に示されている各年の輸送手段別貨物・旅客輸送量をみる

第5章 人流・物流――鉄道輸送の経済効果をどの程度変えるか？

図 5-5 河南省鉄道貿易の推移（単位：百万元）

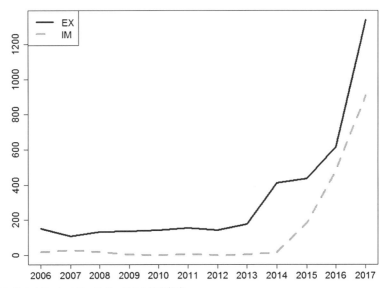

（出所）Global Trade Atlas のデータより筆者作成。

図 5-6 輸送手段別貨物・旅客輸送比率

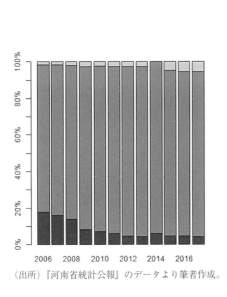
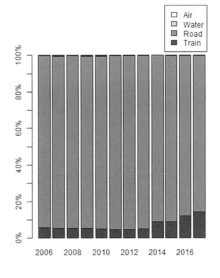

（出所）『河南省統計公報』のデータより筆者作成。

105

図5-7 旅客移動者一人当り旅行収入（元）

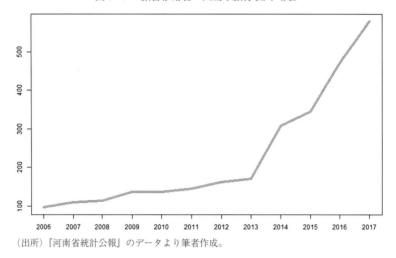

（出所）『河南省統計公報』のデータより筆者作成。

と，全貨物輸送量に占める鉄道の輸送の比率は低下傾向にあるものの，全旅客輸送に占める鉄道輸送の比率は2013年以降上昇傾向にある（図5-6）。絶対数で見ても，2006年から2017年にかけて河南省の鉄道旅客輸送量は2.5倍以上に増加している。この傾向は，河南省の観光収入（中国語で旅行収入）にも反映されている。河南省の旅行総収入は，2006年時点では，1039.4億元だったものが，2017年には，6751.0億元までに増加している。また，すべての移動手段での旅客輸送量をみると2006年には，10.79億人だったものが，2017年には，11.66億人まで増加している。この旅客移動者数と旅行者収入から，1人当たりの旅行者収入を算出すると（図5-7），2013年以降金額が急激に増加していることがわかる。この旅行者収入を各移動手段別の利用者比率に按分し，次年度の鉄道移動旅行者収入を，2006年から2017年までの旅客1人当たりの旅行者収入と鉄道利用者の推移から推定する。2006年から2017年までの旅客1人当たりの旅行者収入の平均変化率は，17.7％と非常に高い水準であり，同期間の河南省における鉄道旅客輸送者の平均変化率は，8.1％であった[4]。ここから，次年度の1人当たり旅行者収入と鉄道旅客輸送者が平均的な成長をしたと仮定し，鉄道利用者からの旅行者収入を算出

---

4) 1人当たり旅行者収入，鉄道旅客輸送者の平均変化率はいずれも幾何平均による平均値である。

第5章　人流・物流─鉄道輸送の経済効果をどの程度変えるか？

表5-1　旅行収入の産業別内訳

| 支出項目 | 比率 | 対象産業 |
|---|---|---|
| 宿泊 | 15.4% | ホテル・飲食 |
| 飲食 | 12.8% | ホテル・飲食 |
| 観光 | 8.9% | 文化・体育・娯楽 |
| 娯楽 | 10.2% | 文化・体育・娯楽 |
| 商品購入 | 27.8% | 卸・小売 |
| 市内移動 | 5.4% | 交通運輸・倉庫郵便 |
| 郵便通信 | 3.8% | 交通運輸・倉庫郵便 |
| その他サービス | 15.7% | リース・ビジネスサービス |

（出所）中国旅行出版社『中国旅行年鑑』より筆者作成。

した結果，2017年からの増加額は255.5億元となった。この255.5億元という数値を河南省で1年当たりに実現される人的往来活発化の効果とみなし，経済効果の計算に利用する。

　旅行者収入の内訳は，『中国旅行年鑑』の2016年国際旅行収入構成の比率に従った。これは国内旅行に関する旅行収入の構成や，鉄道旅客輸送者の国内・国際比率についての情報を得ることができなかったためであり，旅行者収入の構成として国際旅行収入構成の比率を使用した（表5-1）。

## 2.2　貿易促進の効果

　貿易促進の効果についても，過去10年余りの趨勢から，次年度1年当たりの外貨収入を推定し，新規需要として設定する。河南省の国際貿易を所管する鄭州税関を通関した輸出財をHSコード2桁の産業別に分類し，当該産業において発生する外貨収入を計算する。2017年の河南省産業別輸出額のうち，全輸出に占める割合が1％以上である産業を有意な輸出産業であるとみなし，貿易黒字額3.35億元をこの産業の比率に按分する形で，各産業の新規需要額を算出している。

　人的往来と貿易の促進がもたらす新規需要の大きさは，表5-2に示した。これらの新規需要は，特定の産業の原材料の増加などによる関連産業従事者の所得増加の効果（1次波及効果）をもたらすとともに，産業従事者の消費支出などにより，より広範な産業従事者に所得の増加（2次波及効果）をもたらす。ここでは，この2次波及効果までを経済効果とし，「一帯一路」構想下で進められる鉄道整備計画が人的往来と対外貿易の促進をもたらすことで，河南省経済にどのような経済波及効果をもたらすのかについて検証を行う。

107

表 5-2 新規需要（億元）

| 産業 ID | 金額（億元） | 名前 |
|---|---|---|
| 1 | 0.0 | 農林水産漁業品 |
| 5 | 0.0 | 非金属採掘製品 |
| 6 | 0.0 | 食品・たばこ |
| 7 | 0.5 | 紡績品 |
| 8 | 0.1 | 服飾皮革毛皮製品 |
| 9 | 0.1 | 木材加工品・家具 |
| 10 | 0.1 | 製紙印刷・文教体育用品 |
| 12 | 0.1 | 化学製品 |
| 13 | 0.1 | 非金属鉱物製品 |
| 14 | 0.1 | 金属冶金圧延加工品 |
| 15 | 1.1 | 金属製品 |
| 16 | 0.0 | 専用設備 |
| 17 | 0.5 | 電気機械 |
| 20 | 0.5 | 交通輸送設備 |
| 21 | 0.1 | 計測器 |
| 22 | 0.0 | その他製造品 |
| 24 | 71.0 | 小売・卸売 |
| 25 | 72.1 | ホテル・飲食 |
| 26 | 23.5 | 交通運輸・倉庫郵便 |
| 30 | 40.0 | リース・ビジネス・サービス |
| 34 | 48.9 | 文化・体育・娯楽 |

出所：筆者作成。

## 2.3 使用する産業連関表について

　「一帯一路」構想下の中国で期待される人的往来と対外貿易の促進がもたらす新規需要の経済効果を算出するために，ここでは2017年産業連関表の推定を行う。これはいくつかの仮定を置いて，基準とした河南省産業連関表2012年表（公表値）を基に，2017年の河南省経済の情報を加えて調整することを意味する。詳細は補論に記述しているが，各年統計公報から算出した2012年価格の2017年付加価値生産額と，2012年から2017年への産業構造の変化の情報を河南省産業連関表2012年表に導入し，2017年表（推定値）として導出した。この2012年から2017年にかけての産業構造の変化を推定するために，経済産業研究所が公表している全国の年次産業連関表データである中国産業生産性（China Industrial Productivity: CIP）データベースを利用した。CIP の産業連関表と，河南省の産業連関表として利用可能な中国地区投入産出表の産業分類が異なるため，いくつかの産業を統合することで，2 つのデータベースの産業分類を統一した。CIP データベー

第5章 人流・物流——鉄道輸送の経済効果をどの程度変えるか？

図5-8 誘発効果の各省産業構造分布（人的往来の促進）

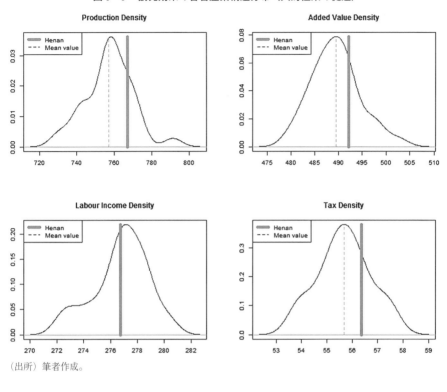

（出所）筆者作成。

スの産業分類は37部門，中国地区投入産出表の産業分類は42部門であるが，それらの部門を同一の34部門になるように統合し，経済効果の計算に使用した。

## 3 実証結果

人的往来促進効果を表す新規需要と対外貿易促進効果を表す新規需要の効果は，あわせて780億元の生産誘発効果，497億元の付加価値誘発効果をもたらした。新規需要が258.85億元（人的往来の促進が255.5億元，対外貿易の促進が3.35億元）であるので，波及効果としてもたらされた部分は，生産額においては521億元，付加価値額においては238億元である。人的往来の促進による新規需要（255.5億元）の生産誘発効果は767億元（新規需要を差し引くと512億元），付加価値生産誘発効果は492億元（新規需要を差し引くと237億元）である。一方で対外貿易の

促進による新規需要（3.35億元）の生産誘発効果は13億元（新規需要を差し引くと9億元），付加価値生産誘発効果は5億元（新規需要を差し引くと2億元）である。このことから，対外貿易促進の効果の方が人的往来促進の効果よりも生産誘発効果は大きいものの，生産を誘発する産業の付加価値率の違いから，付加価値生産の誘発効果は人的往来促進の効果の方が大きい。

　これらの誘発効果は，その経済の産業構造に依存するものであり，ここで示した経済効果は，河南省経済の産業構造を反映したものである。この誘発効果について，Minamikawa［2018］の方法を用いて，他省（省級市，自治区を含む）の産業構造と河南省産業連関表2017年表の経済規模をもつ産業連関表を導出し，誘発効果がどの程度変化するかを算出した。図5-8は「一帯一路」構想による人的往来の促進がもたらす生産誘発効果（左上），付加価値生産誘発効果（右上），労働者所得誘発効果（左下），税収（右下）のそれぞれについて，各省の産業構造をもつ産業連関表での計算結果の分布を示したものである[5]。破線は全省の平均値，灰色の実線は河南省の産業構造をもつ産業連関表の誘発効果を表している。これをみると河南省の産業構造をもつ産業連関表の計算結果は，労働者所得以外では，平均を上回り，労働者所得も平均とほぼ同じ水準の値である。このことから，河南省経済の産業構造は，人的往来の促進がもたらす経済波及効果を平均以上に拡大するような構造であることを示している。

　一方で，対外貿易促進の効果については，生産誘発効果，税収において平均よりも明らかに低い値で算出された（図5-9）。生産誘発効果が平均より低いにもかかわらず，付加価値生産の誘発効果が平均よりも高いことから，河南省経済が，平均的な産業構造と比べて付加価値率の高い産業への波及が大きいような構造をもつことが考えられる。全体としての誘発効果は新規需要の大きさを反映して，人的往来の効果が支配的であるが，対外貿易促進による付加価値生産，労働者所得の誘発効果は，河南省の産業構造をもつ産業連関表が突出して大きな効果を示している。

　これらの結果は，対象経済内の自給率を考慮していないものであるため，省内に歩留まりする部分は，この一部であるが，「一帯一路」構想が河南省にもたら

---

　5）図5-8は，それぞれの地域の産業構造をもつ産業連関表から算出した誘発効果の度数分布表から，カーネル密度推定により導出した分布を表している。

図5-9 誘発効果の各省産業構造分布（対外貿易の促進）

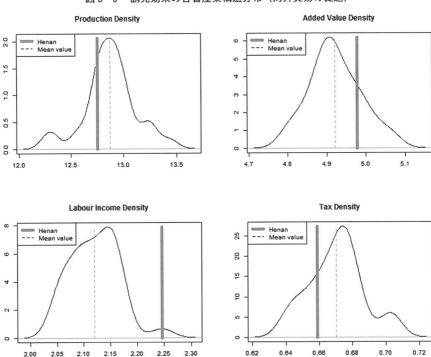

（出所）筆者作成。

す変化が，他省の経済との相互作用を含めてどのように波及していくのかをここでは示している。

## 4 結論

現在中国では，中欧班列や，八縦八横政策，CLBを含むその他の計画に見られるように鉄道インフラの整備が進められている。こうした政策は，「一帯一路」構想が提唱されるより前から計画されていたものであるが，こうした既存の政策を取り込み，他の対外政策とあわせて大々的に発信していくという政策のプラットフォームとしての性格が表れている。実際に中欧班列は，「一帯一路」構想の下での目玉政策と認識されており，欧州との貨物の取引を促進する重要な輸送手段として発展が期待される。また国内の旅客輸送の全体的な増加が示すように，

図5-10　産業連関表経済規模の提示

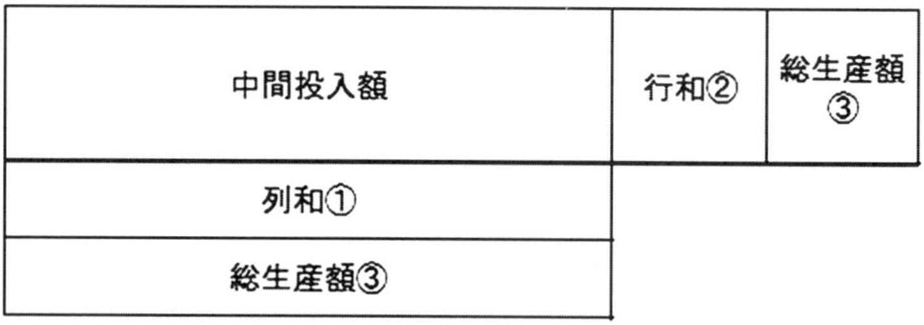

| 中間投入額 | 行和② | 総生産額③ |
|---|---|---|
| 列和① | | |
| 総生産額③ | | |

(出所) 筆者作成。

人的往来の促進はどの地域においても期待される変化の1つであると考えられる。

　河南省は地理的に鉄道輸送にとって重要な地点であり，今後の中欧班列の発展を考えると，国内の人的往来や貨物輸送の促進が大きな変化をもたらすことが想定され，本章の結果はそれを支持するものとなった。ここでは，「一帯一路」構想により河南省経済で発生すると想定される新規需要は，河南省の産業構造のもとでは平均より大きく付加価値生産を誘発するものであり，また人的往来促進の効果についても生産を大きく誘発することが示された。本章の考察は，鉄道インフラとそれに付随する国内経済の変化に焦点を当て，その経済効果について言及したものであるが，今後「一帯一路」構想下の国内経済の変化がより明らかになってくるにしたがって，国内経済への波及効果も明らかになることが期待される。

## ［補論］　産業連関表がもつ2つの要素とRAS法

　この補論では，本文中で経済効果の算出に利用した産業連関表導出の方法について簡単に紹介する。産業連関表は経済規模に関する情報と産業構造に関する情報の2つの要素から同定され，任意の産業連関表から経済規模と産業構造は一意に決まる。経済規模に関する情報は，産業連関表の行和，列和と総生産額のベクトルにより与えられるもので，ここでは周辺情報と呼ぶ（図5-10の①と②と③が周辺情報にあたる）。一方で産業構造は，対象経済の各産業の生産活動において，産業間の投入の構造を示すものであり，森岡・津田［2014］の情報幾何的分解の方法により，任意の産業連関表から産業構造の情報をもつ行列を導出することができる。

　本文では，情報幾何的分解を『中国地区投入産出表』の各省産業連関表に適用

し，（河南省を除く）30の産業構造行列を導出した。これを，河南省産業連関表2017年表（推定値）の周辺情報の経済規模に調整することで，周辺構造が同じで産業構造だけが異なる31の産業連関表を導出し，それぞれの経済波及効果を比較している。RAS法は，特定の産業構造を任意の周辺情報の経済規模に調整することを可能にする[6]。

　ここでは，河南省の2017年周辺情報についてのデータが存在しないので，2012年と2017年で産業別の付加価値生産率，最終・中間需要率が変わらないという仮定のもとで，総付加価値生産額を2012年の産業別総生産額の比率に按分し，逐次的に周辺情報を算出した。また河南省の産業構造行列の各要素が1次の自己回帰過程に従うと仮定し，自己回帰パラメータについては，1981年から2010年までの全国産業連関表年次データベースであるCIPから推定を行った。これは，全国と河南省で，産業構造の推移が過去の情報をどれだけ残すかについて，差がないという仮定を置いていることになる。CIPデータベースと中国地区投入産出表の産業区分が異なることから，それぞれの産業連関表を34部門に統合して，自己回帰パラメータの数と行列の要素の配置を合わせた。推定された自己回帰パラメータを用いて，河南省産業連関表の2012年表の産業構造行列の要素から逐次的に2017年表の産業構造を算出し，34×34の行列を導出した。このようにして導出した産業構造行列と周辺情報から，河南省産業連関表2017年表を推定した。

## 参考文献
### 日本語文献
岩崎俊夫［1980］「産業連関分析と経済予測：RAS方式による投入係数修正の妥当性について」『経済学研究』（北海道大学）30巻1号，pp.121-142

河合正弘［2016］「中国の「一帯一路」構想とは何か」科学技術振興機構中国総合研究交流センター編『中国「一帯一路」構想および交通インフラ計画について』（序章），pp.1-12

田中宏昌［1999］「東海道新幹線の35年とその経済効果」『科学と工業』vol.73, pp.259-268

平石和昭［2011］「新幹線の役割と効果を活かす工夫」『土木学会誌』vol.96, pp.54-57

平出渉・阿部秀明・相浦宣徳［2017］「全国経済活動における北海道・道外間鉄道貨物

---

6）RAS法の詳細については，岩崎［1980］を参照。

輸送の貢献度と北海道新幹線による貨物輸送の経済効果」，vol.25，pp.31-38

森岡涼子・津田宏治［2014］「情報幾何的分解に基づく地方産業連関表の将来推計」『数理解析研究所講究録』，pp.85-102

山口勝弘［2017］「高速鉄道の経済効果：日欧のパネルデータ分析」『交通学研究』，vol. 60，pp.95-102

李瑞雪［2016］「鉄道貨物がつなぐ現代のシルクロード：「中欧班列」の実態と可能性」『中国「一帯一路」構想及び交通インフラ計画について』（第Ⅱ部—3章），pp. 114-132

## 中国語文献

董葉超・秀暁林・袁磊［2018］「鄭州鉄路枢紐客運系統格局調整建議及探討」『鉄道標準設計』，pp.1-6

方旖旎［2016］「"一帯一路"建設背景下河南省出口貿易発展研究」『対外経貿』，pp. 21-22，

劉威峰・段元萍［2016］「以"鄭新欧鉄路"促鄭州経済発展」『物流科技』，pp.89-90

劉威峰・段元萍・龔思行［2016］「基於新亜欧大陸橋運輸特点対我国的影響的分析」『中国水運』，pp.41-42，p.47

王若昕［2018］「試議鄭州作為鉄路交通枢紐在「一帯一路」戦略中的作用」『理論研究』，pp.195

徐峰［2017］「鄭州鉄路枢紐客運系統規画研究」『高速鉄路技術』，pp.19-23

## 英語文献

Chaisse, Julien and Matsushita, Mitsuo. [2018] "China's 'Belt and Road' Initiative: Mapping the world trade normative and strategic implications," *Journal of World Trade*, vol.52, pp.163-185

Cheng, Leonard K. [2016] "Three questions on China's "Belt and Road" initiatives," *China Economic Review*, vol.40, pp.309-313

Huang, Yiping. [2016] "Understanding China's Belt & Road initiative: Motivation, framework and assessment," *China Economic Review*, vol.40, pp.314-321

Kojima, Yasuhiro, Matsunaga, Takuya and Yamaguchi, Shuji. [2017] "The impact of new Shinkansen lines (Tohoku Shinkansen (Hachinohe-Shin-Aomori) and Kyushu Shinkansen (Hakata-Shin-Yatsushiro))," *Transportation Research Procedia*, vol 25, pp.344-357

第5章　人流・物流─鉄道輸送の経済効果をどの程度変えるか？

Minamikawa Takanori. [2018] "Evaluation of the sophistication of Chinese industries using the information-geometric decomposition approach," *ERINA Discussion Paper (Economic Research Institute for Northeast Asia)*

## ■第6章■ 東北内陸──近くて遠い「借港出海」の進展は？

### 新井洋史

### 1 はじめに

　東西冷戦終結後，日本海を取り巻く各国の経済連携を強化する形での「環日本海経済圏構想」に関する議論が活発化した。東西冷戦期の日本海は，日本，大韓民国（韓国）という「西側陣営」とソビエト社会主義共和国連邦（ソ連）（当時），中華人民共和国（中国），朝鮮民主主義人民共和国（北朝鮮）[1]という「東側陣営」が対峙する「対立の海」であった。冷戦終結を機に，これを「平和の海」に転換したいという理念が「環日本海経済圏構想」を支える柱の一つであった。同構想には，そのほかに，資源の相互補完性に基づく経済合理性の追求という理論と，相対的に地域開発の遅れた地域の発展という地域住民の希望もあった。

　ヒトとモノの自由な移動が経済圏の形成にとって重要である，あるいは必要不可欠の要件であるといった考え方は，世界各地の局地経済圏構想に共通する[2]。国際的な交通インフラの整備，輸送ルートの構築，そしてそれらの利用促進という課題は単独国家では実現不可能であり，国際協力を必要とする。環日本海地域も例外ではなく，物流面での協力は地域協力の重点課題の一つとなっている。

　本章では，中国東北部の吉林省および黒龍江省が30年弱にわたって推進を図ってきた「借港出海」戦略を事例として分析することを通じて，「一帯一路」が中国国内各地域にとってその地域の政策課題を推進するための政策プラットフォー

---

1）日本海からは遠くなるが，モンゴル国を環日本海経済圏に含める考え方もある。ERINAではそうした考え方を採用しているが，本章ではモンゴルについては触れない。

2）例えば，大メコン圏（Greater Mekong Subregion: GMS）における経済回廊の整備，EUの東方拡大の文脈で推進された欧州横断交通ネットワーク（Trans-European Transport Network: TEN-T）などの事例がある。

ムとなっていることを示す。「借港出海」とは，海に面していない両省が最寄り
のロシアあるいは北朝鮮の「港湾を借り」て，「日本海に出よう」とするコンセ
プトである。以下，まず「借港出海」のコンセプトについて概説したうえで，時
系列的にどのような議論がなされてきたのか，また具体的にどのようなプロジェ
クトが実施され，それらがどのような帰結に至ったかなどを整理し，最後にこれ
らから得られる政策的含意とともに結論をまとめる。

## 2 「借港出海」とは何か

　中国東北部に位置する吉林省と黒龍江省は海に面しておらず，国際貿易の面で
は不利な位置にある。その結果として，東北三省の対日貿易額を比較すると「遼
寧省の独走現象」が見られるとともに，「東北地方進出の日本企業は遼寧省に集
中」することになってしまっており，「東北地域（特に内陸の吉林省，黒龍江省）
の交通インフラ整備と物流環境の改善は，（中略）重要なカギとなる」との認識
が生じてくる（朱 2013，pp.164-170）。

　国際物流環境改善の必要性を意識しながら，これら2つの内陸省の地理的な位
置を確認すると，黒龍江省の大部分と吉林省の東側半分程度の地域にとって，直
線距離において最も近い海岸は，ロシアあるいは北朝鮮の日本海岸であるという
事実に，誰もが気づくであろう。中国国内の他の地域にとって最も近い海が中国
の領海であることと対比すると，これらの地域は特殊な地理的条件の下にあると
言える。現状では，これら2省を発着する海上輸送貨物は基本的に国内の陸上輸
送を経て，渤海湾に面する港湾において積み替えられて輸送されている。これに
対して，より近くにあるロシアあるいは北朝鮮の港湾を利用して，日本海経由の
海上輸送を活用することができれば，国際貿易のための条件が改善することが期
待できる。これが「借港出海」戦略の背景である。

　ロシアや北朝鮮の側にも，自国の港湾での貨物取扱量を増やすことで，地域経
済の活性化を図りたいという思いがある。さらに，日本や韓国の日本海側地域に
おいても，日本海を横断する形で，最大の貿易相手国である中国との間に新たな
物流ルートを開設することが，当該地域の地域経済活性化に結び付くとの期待が
ある[3]。このように，「借港出海」の実現による利益が及ぶ範囲は中国東北部に
限られず，環日本海地域全体にとって有益である。

しかしながら，他国の港を利用して貨物を輸送することはさほど容易ではなく，いくつかの条件が整う必要がある。まず，最低限の必要条件として，港湾までの陸上輸送インフラ（道路・鉄道等）がつながっている必要がある。港湾自体の取扱能力の大きさも含め，いわゆるハードのインフラが整っていなければならない。これに加えて，ソフト面での条件が整っている必要もある。ソフトの条件は，2つに大別される。公的なもの（法制度やその運用等）および民間のもの（輸送業者の提供するサービス等）である。

最終的に，これらの様々な要素を総合して，既存の物流ルート（本章のケースで言えば渤海湾港湾利用ルート）に対して競争力のある輸送サービスが提供されることによってはじめて，ロシア・北朝鮮経由の輸送が実現するのである。荷主企業は一般に，安全性，運賃，輸送時間，利便性，安定性などの要素を考慮して，輸送ルートを決めている。その際，各企業によって，どの要素をどの程度重視するかは異なるため，どういった条件が整えば相対的に強い競争力を確保できるかという一般解は存在しない。ここでは，個々の企業がこれらの要素を総合的に判断して輸送ルートを決めること，多くの企業が利用するルートになるためには総合的な競争力が高まる必要性があることを指摘するにとどめる。

「借港出海の実現」は，実務上の言い方として「複合一貫輸送サービスの実現」と言い換えることができる。複合一貫輸送とは，一般的には標準化された海上輸送コンテナを利用して，陸上輸送（主に鉄道）と海上輸送を結び付けた，一体化した輸送サービスのことである。本章の文脈で具体的に表現すれば，中国東北部とロシア・北朝鮮の間の陸上輸送と日本海経由の海上輸送を結び付けて，一体化した輸送サービスということになる。

## 3　「借港出海」をめぐるこれまでの政策展開

1990年代以降，環日本海地域における物流の活性化を目的として，政府や国際機関，政策シンクタンクなどから様々な構想やプロジェクトなどが提案されてき

---

3）例えば，長春（吉林省）と新潟との間の輸送を考えた場合，現在一般的に行われている大連港経由での総輸送距離は約2600 kmであるのに対し，ロシア極東のザルビノ港経由での総輸送距離は約1500 kmとなり，約4割の輸送距離短縮が実現できる。

## 図 6-1 　中国，ロシア，北朝鮮国境地帯

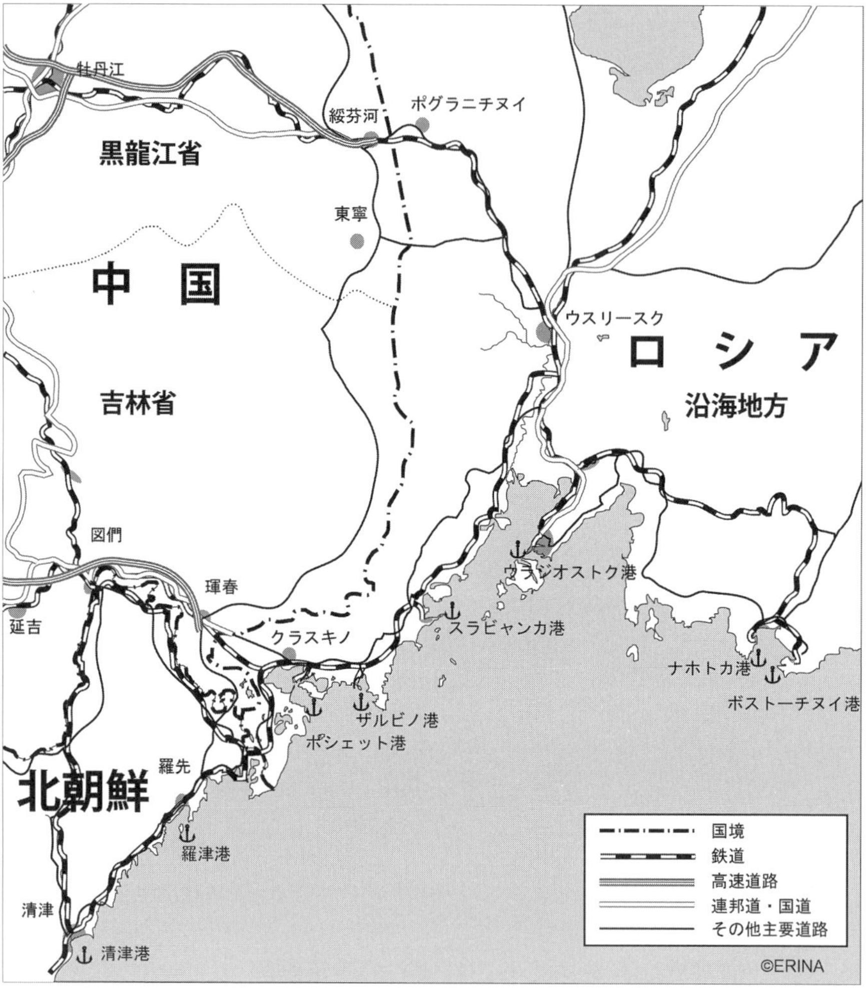

（出所）ERINA 作成。


た。以下では，これらを時系列に整理していきたい。


## 3.1 「借港出海」の提起

　1991年に国連開発計画（UNDP）が発表した「図們江（朝鮮名：豆満江）地域

第6章 東北内陸―近くて遠い「借港出海」の進展は？

図6-2 北東アジア輸送回廊

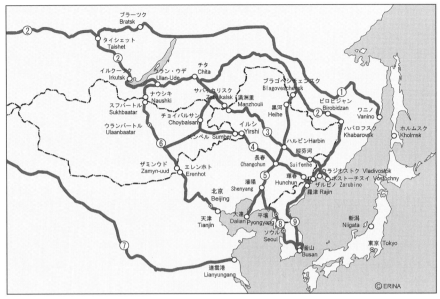

(出所) ERINA作成。

開発構想（Tumen River Area Development Programme: TRADP）」は，環日本海経済圏の形成に向けた起爆剤になると期待された。図們江は，上中流部では中国と北朝鮮の国境になっており，最下流部約15kmのみが北朝鮮とロシア連邦（ロシア）の国境となっている（図6-1）。中国はロシアと北朝鮮の領土に阻まれる形になって，日本海には面していない。TRADPを支える論拠の一つは，海への出口を持たない中国吉林省から最短ルートで日本海に出る輸送距離を確保することで，日本海をまたぐ経済交流を活性化できるはずだという考え方である。

構想が発表された当初は，図們江沿いの中国領にある防川に港を整備して，図們江経由で日本海に出る案が検討されたが，河川の水深などの制約から断念された。代わりに浮上したのは，ロシアや北朝鮮の港湾を利用して日本海に出るという「借港出海」のコンセプトである。このコンセプトは，黒龍江省に対しても適用が可能であり，以下に述べるように，その後の議論の中にも生き続けている。

121

## 3.2 「借港出海」の位置づけ

　図們江下流域という局所の協力に関する議論とは別に，より包括的な地域協力に関する議論も行われてきた。環日本海経済研究所（ERINA）が2002年に発表した『北東アジア輸送回廊ビジョン』は，その一例である。ERINA が中心になって実施した国際共同研究に基づき，北東アジアにおける経済交流，人的交流を活発化させていくために，9本の回廊を各国が協力して整備していくべきだと提案した（図6-2）。9本の輸送回廊は陸上のみに設定された形になっているが，提案者の意図としては，「海を越え，貨物の発着地として日本・韓国や東南アジア各国・北米などと接続される」（北東アジア経済会議組織委員会運輸・物流常設分科会 2002，p.3）ものである。このビジョンの中には，「借港出海」コンセプトを体現する形の回廊が2本（綏芬河輸送回廊：図中③および図們江輸送回廊：図中④）含まれている。

　この提案の一部は，その後に政府間の地域協力の枠組みである大図們江イニシアチブ（Greater Tumen Initiative: GTI）[4]で採用された。北東アジア輸送回廊ビジョンを構成する9本の輸送回廊は，機能面に注目すると大きく二つのグループに分けることができる。一つは，主に欧亜の大陸間輸送を担う輸送回廊であり，もう一つは，北東アジア地域輸送を担う輸送回廊である。GTI ではこのうち，後者の輸送回廊，すなわち地域内輸送を担う6本の輸送回廊を選択し，若干の修正を加えて2013年に大図們江地域横断輸送回廊（Trans-GTR Transportation Corridors）として特定した。現在は GTI 地域運輸戦略の一環として，これらの輸送回廊の整備，利用促進が推進されている。なかでも，綏芬河輸送回廊及び図們江輸送回廊を利用した複合一貫輸送は，重点課題の一つである（GTI 2014 a）。

## 3.3 吉林省の政策展開

　前述の通り，「借港出海」は図們江下流域の開発構想の中で，いわば「次善の策」として提示されたものである。こうした経緯から，吉林省政府およびその下部行政体である延辺朝鮮族自治州（以下，「延辺州」）政府や琿春市政府などは，「借港出海」政策を推進し続けてきている。

---

　4）中国，モンゴル，韓国，ロシアの4カ国によって構成される政府間の協力枠組。TRADP を発展的に改組し，地域協力を展開する地理的範囲を拡大して活動している。

第6章　東北内陸―近くて遠い「借港出海」の進展は？

　2009年8月30日，国務院は「中国図們江地域協力開発規画要綱－長吉図を開発開放先導区とする」（以下，「図們江規画要綱」）を批准した。これは，国家が認めた省レベルの発展戦略と位置付けられる。呉・應（2010, pp.33-39）は，図們江規画要綱の策定により，吉林省をはじめとする国境地域および北東アジア地域における地域開発パターンおよび地域協力モデル，国際協調メカニズムの3点での革新が見られたと分析し，これらを踏まえて「長吉図先導区の設立・運営は，国際協力開発水準の向上，国際輸送ルートの整備などの領域における調整能力のレベルアップを果たし，北東アジア地域の繁栄を実現するための不可欠な促進力となる」と結論付けている。また，図們江規画要綱の本文では，長吉図地域の国際協力項目を6件列挙する中で，国際物流ルートの整備を筆頭に掲げており，重要な位置づけが与えられている。この図們江規画要綱が「借港出海」推進の観点で特に重要なのは，「先行先試（先に行い，先に試みる）」権利を得て，北朝鮮経由の越境輸送（後述）を実現する基礎となったことである（穆 2019, pp.66-67）。図們江規画要綱は2020年までを対象期間としており，本稿執筆現在も有効な政策文書である。

### 3.4　黒龍江省の政策展開

　1990年代に吉林省が図們江地域開発構想の枠内で「借港出海」コンセプトを打ち出したころ，黒龍江省もロシア沿海地方港湾経由の「借港出海」を視野には入れていた[5]が，それよりもアムール川経由の「江海聯運」を重視していた。これは，黒龍江省を貫流する松花江が北流して，ロシア極東のハバロフスク市付近でアムール川に合流することを利用して，間宮海峡経由で日本海港湾まで，積替えなしでの船舶輸送を実現しようとの構想であった。

　この構想は「東方水上シルクロード」との名の下で実現が図られ，1992年8月には黒龍江省産のトウモロコシを積載した第1船が酒田港に入港した。2004年10月までに計26回の運航がなされた。しかし，冬期間は結氷のため航行できないこと，しゅんせつ工事が停滞していて水深が浅いため大きな船が通行できないこと

---

　5）黒龍江省社会科学院［1994］p.14によれば，当時，黒龍江省が進めていた国際貿易ルート発展戦略の一環として，ウラジオストク等のロシア沿海地方港湾利用の海運ルートも含まれていた。

等の課題があった（東方水上シルクロード貿易促進協議会 2013, p.24）。こうした中，日中の関係者は2000年ころから，綏芬河経由でロシア極東港湾を利用した輸送の可能性を検討し始めた。

　こうして黒龍江省はロシア極東港湾利用の輸送に再び関心を向けることになったが，そのために利用する綏芬河〜ポグラニチヌイ（グロデコボ）国境は中ロ2国間貿易の主要輸送路でもあり，その整備促進政策は「借港出海」実現という文脈というよりは，ロシアとの経済関係強化の文脈の中で語られることが多かった。なお，黒龍江省では「江海聯運」が先行して実現したこともあり，その代替ルートとして検討された輸送ルートは，「借港出海」よりも「鉄海聯運」あるいは「陸海聯運」と表現されることの方が多い傾向にある。

## 3.5　中ロ両政府の政策協力

　中国とロシアはいずれも図們江地域開発に関する協力の当事国であり，その枠内での協力を続けてきている。それと並行して，2国間協力の枠組みの中でも「借港出海」に関わる協力を進めている。その傾向は，2004年に両国間の長年の懸案であった東部国境紛争が最終的に解決した後に強まった。

　2009年9月，中国とロシアは「中国東北地区とロシア極東・シベリア地域の協力に関する計画要綱（2009〜2018年）」（以下，「中ロ東部協力要綱」）を公表した。この中で，両国は本文における8分野での協力項目に加え，付録として約200件の個別プロジェクトを列記している。8分野のうち，借港出海に関わるものは冒頭の2分野，すなわち「1．口岸整備，国境インフラの建設・改修」および「2．運輸分野の協力」である。前者には計17の協力項目が挙げられているが，例えば，綏芬河〜ポグラニチヌイ道路国境検問所の建設・改修，琿春〜クラスキノ道路国境検問所の建設，中国側での貨物・旅客ターミナルの改修・拡張，琿春国境から「琿春図們高速」までの接続路の建設，長春〜ウラジオストクの越境幹線道路の建設，琿春〜ザルビノ港の越境道路の建設などが含まれている。後者には，中国東北部とロシア極東地域の港湾の相互利用可能性調査，中ロ国境経由で沿海地方等のロシア連邦領内を通過する輸送に係る協力・相互支援に関する問題の調査・検討，琿春〜マハリノ〜ザルビノ間の鉄道運行の再開と鉄道管理システムの改善，中国側による輸送量増大などが含まれている。また，付録に掲げられた個別のプロジェクトには，黒龍江省牡丹江市，綏芬河市，吉林省図們市での物流拠点施設

第6章　東北内陸―近くて遠い「借港出海」の進展は？

整備も含まれている。

　これらの中ロ東部協力要綱の協力項目の多くは，かならずしも「借港出海」だけを意図しているわけではなく，中ロ2国間経済関係の基盤整備としての期待も大きいと考えられる。ただし，ロシア領内通過輸送に関する協力の検討やザルビノ港への道路建設，鉄道運行再開などの項目は，まさに「借港出海」を主眼としたものと言える。港湾の相互利用可能性調査についても，中国側の「借港出海」を主に念頭に置いている項目と理解されるが，（恐らくは政治的な配慮から）ロシア側が中国東北部の港湾を利用するケースを排除しない表現となっている。

　近年，さらに踏み込んだ動きがある。2014年にロシアがクリミア半島を併合し，これに対して西側諸国が制裁を科したころから，ロシア政府は外交，内政の両面で東方への傾斜を強めた。こうした政策姿勢は，「東方シフト」として広く知られている。東方シフト政策の焦点の一つとして，ウラジオストク市を中心とする沿海地方南部の拠点性向上という課題がある。ウラジーミル・プーチン大統領は，2015年以降は毎年9月に自らが主宰する「東方経済フォーラム」をウラジオストクで開催しており，安倍晋三首相や習近平国家主席など各国首脳が参加する重要会議となっている。また，2016年にはウラジオストク市を中心とした沿海地方南部を「ウラジオストク自由港」という特区に指定して，民間投資誘致による地域経済振興を図っている。

　国際物流面では，上述の「綏芬河輸送回廊」および「図們江輸送回廊」をロシア側の視点で再定義する形で設定した国際輸送回廊「プリモーリエ―1」，「プリモーリエ―2」[6]の整備に力を入れている。地元関係者を中心に議論されてきたこの構想は，2016年末にロシア連邦政府が「国際輸送回廊『プリモーリエ―1』と『プリモーリエ―2』の発展コンセプト」という文書を取りまとめたことで中央政府の政策アジェンダに組み込まれた。こうした流れの中での重要な出来事として，2017年7月に中ロ両国政府がこの2本の国際輸送回廊の発展に関する協力覚書を交わした。

　以上をまとめると，90年代に提示された「借港出海」のコンセプトは，これまでの様々な政策議論の中で生き続け，国際輸送回廊の整備，利用促進政策という

---

6）「プリモーリエ」はロシア語で「沿海」の意味。

形を得て現在に至っている。次節では，この国際輸送回廊の整備に向けて，どのような政策展開や事業実施の努力がなされ，それらがどのような成果に結びついたか（結びつかなかったのか）を整理する。

## 4　「借港出海」を支える輸送回廊整備の経過

「輸送回廊」とは，「特定の地点間の輸送を担う複数の輸送モードによる総合的輸送サービスの総体」（新井 2012, p.93）と理解することができる。より具体的な形に言い換えれば，輸送回廊の構成要素には，鉄道，道路，港湾などの物理的なインフラ（ハードインフラ）と，法制度やその運用，あるいは運輸関連業界の商習慣や個別企業が提供する具体的な運輸サービスといった非物理的なインフラ（ソフトインフラ）が含まれることになる。

現実にも，これまで「綏芬河輸送回廊」／「プリモーリエ―1」および「図們江輸送回廊」／「プリモーリエ―2」の整備，利用促進に向けて，ハード，ソフトの両面で様々な取組がなされてきた。本節では，「借港出海」を支えるこれらの輸送回廊のうち，特に中ロ国境付近以東の区間に着目して，これまでの主な取組を整理する。

### 4.1　ハードインフラ整備

#### （1）綏芬河輸送回廊

綏芬河輸送回廊経由での複合一貫輸送においてカギを握るインフラは，中ロ国境（綏芬河～ポグラニチヌイ）区間の道路，鉄道および積み替え施設，ロシア側港湾（ウラジオストク，ボストーチヌイ，ナホトカなど）及びこれらを結ぶ鉄道，道路である。

このルートでの輸送には，清朝時代に帝政ロシアが鉄道敷設権を獲得して東清鉄道を建設した18世紀末以来の歴史があり，1990年代においても中ロ2国間輸送ルートとして一定程度のインフラが存在していた。また，ウラジオストク，ボストーチヌイ，ナホトカの各港湾も，ロシア極東地域における主要港湾であり，ソ連崩壊後の経済混乱の中，取扱貨物量が減少して，輸送能力が余剰気味であった。したがって，このルートでのインフラ整備は，特定のボトルネックの解消を目的とするものが中心であり，それらも必ずしも「借港出海」の実現のためというわ

126

けではなく，どちらかと言えば中ロ2国間輸送貨物やロシアの輸出貨物を念頭に
おいたものであった。

　具体的には，綏芬河駅の拡張，ポグラニチヌイ（中ロ国境）〜ウスリースク間
の道路改修，グロデコボ駅〜ウスリースク駅間の鉄道改修，ポグラニチヌイ道路
国境検問所の整備などが進められてきた。

　例えば，綏芬河駅の拡張プロジェクトは，ハルビンと綏芬河を結ぶ高速鉄道整
備の一環として実施された。2015年に新たな旅客駅が開業したのと並行して貨物
取扱施設も充実が図られ，年間3300万トンの取扱能力となった。現実の中ロ間の
国際輸送実績が1000万トンを超えることは無いため，主として国内貨物取扱増加
を主目的とした拡張工事であったとみなすことができるが，国際輸送にも貢献す
ることはもちろんである。

　ロシア領内での輸送インフラであるポグラニチヌイ（中ロ国境）〜ウスリース
クの道路は，沿海地方が管轄する地方道であり，同地方予算により改修事業が続
けられてきている。橋の架け替え等による車両重量制約の緩和や拡幅・線形改
良・路面改修等による速度向上が図られている。

　現時点で最も大きなインフラ上の制約と考えられるのは，年間700万トン（李
2012, p.39）とされる綏芬河駅〜グロデコボ駅間の鉄道容量である。この区間は，
山間の地形を縫うように線路が走っており，線路線形などから輸送力に制約があ
る。グロデコボ駅〜ウスリースク駅間については，ロシア鉄道が改修事業を行っ
ている。

　また，ポグラニチヌイ道路国境検問所の整備は，既存施設が狭小で取扱能力の
制約が大きいことから，中ロ国境に直接面した新たな敷地に新施設を建設する形
で進められた。2012年の APEC 首脳会合のウラジオストク開催の前に完成させ
るという計画であったが，汚職事件の舞台となるなどのトラブルがあり，2019年
時点で完成のめどはたっていない。

## (2) 図們江輸送回廊（ザルビノルート）

　図們江輸送回廊では，利用する港湾がロシアか北朝鮮かという点で2つのオプ
ションがある。ロシアではザルビノ港，ポシェット港の利用が想定され，北朝鮮
では羅津港，清津港の利用が想定される。現実には，ポシェット港や清津港を利
用した中国発着貨物の輸送はほとんど行われていない（後述）ので，ここではま

ずザルビノ港について，そして次項で羅津港について，それぞれ港湾施設自体の整備と中国からのアクセス交通インフラの整備の経緯を述べることとする。

　中国，特に吉林省が「借港出海」コンセプトを打ち出した際に，最も注目されたのが吉林省東端の琿春市から陸路で約70kmの距離にあるザルビノ港（ロシア・沿海地方）の利用である。しかしながら，もともとソ連時代に国内向けの漁港として整備されたザルビノ港はインフラが貧弱で，年間貨物処理能力は120万トンにすぎないことから，大規模な改修をともなう拡張が必要であるとされた。

　ザルビノ港整備に関する事業性評価（F/S）は日本の官民協力により実施され，1996年に報告書が発表された（環日本海経済研究所，1996）。この中では，2010年を目標年次として年間433万トンの貨物を取扱うべく，既存の4バース（総延長650m，設計水深9.0～9.75m[7]）に加えて，新たに4バースを整備する計画を打ち出した。しかしながら，この計画は資金調達のめどが立たず，実現しなかった。

　その後，後述する東春フェリーによる航路や吉林省東北亜鉄路集団による複合一貫輸送の実現に合わせて，旅客用施設やコンテナ蔵置場，荷役機器など，最小限に必要な設備整備等は行われたが，岸壁や荷役クレーンなどの改修は行われていない。コンテナ荷役用の大型クレーンの欠如は，定期コンテナ航路の開設を著しく制約している。

　2014年には，ロシアで運輸関連も含めた幅広い事業展開を行っている企業グループ「スンマ」が，ザルビノ地区で穀物ターミナルやコンテナターミナルを中心とする大規模港湾を整備する構想を打ち出したが，着工にも至らないまま，グループトップの経営者が2018年3月に横領などの疑いで逮捕され，プロジェクトの先行きは不透明となっている。

　アクセス交通インフラについては，ザルビノ港の改修プロジェクトが提示されたのとほぼ同時に，琿春駅（中国・吉林省）とマハリノ駅（ロシア・沿海地方）を結ぶ区間，約20kmの鉄道建設プロジェクトが開始された。中国側は民営鉄道企業である「吉林省東北亜鉄路集団」が，ロシア側は「株式会社ゾロトエ・ズベノ（金環の意）」が事業主体となった。2000年までに建設は完了し，実際に運行を開始した。しかしながら，2004年までに総計40,300トン（762両）を輸送[8]したの

---

　7）実際には岸壁の損傷による土砂流出のため，水深6.8mしかない箇所もあった。

みで，本格的な運行に至らぬまま運休してしまった。

2011年にロシア側区間の鉄道資産が株式会社ロシア鉄道へと移管されたことを機に，運行再開に向けた作業が進展した。2013年8月に運航再開の記念式典が開催され，同年12月に琿春～マハリノ鉄道は正式に通常運行を回復した。その後は，主に中ロ2国間の貿易貨物（ロシア産石炭など）の輸送に利用されているほか，後述する複合一貫輸送サービスでのコンテナ輸送にも利用されている。

道路インフラは着実に改善が進んだ。中国側では2010年9月に長春から琿春までの高速道路が完成し，その終点から国境までの片側2車線の高規格道路の整備が進められている。これに比べるとロシア側の整備水準は低いが，それでも当初存在した未舗装区間は解消した。

### (3) 図們江輸送回廊（羅津ルート）

羅津港は北朝鮮の北東端の羅先市に立地しており，吉林省から最寄りの港湾の一つである。同港には，3つのふ頭に合計13バース（総延長2515 m，水深8.0～10.6 m）がある[9]。同港は，第二次世界大戦前に日本が整備したもので，もともとロシア側の最寄り港湾であるザルビノ港やポシェット港と比べて，充実したインフラを持つ。90年代は，既存のインフラを一部改修する形で中国貨物の輸送（後述）などを行っていた。

これまでに実現した最大の港湾改修は，ロシアとの協力によって実施した第三ふ頭の改修事業である。事業主体は，朝ロ合弁企業の「ラソンコントランス」で，ロシア側は株式会社ロシア鉄道が出資している。このプロジェクトでは，羅津港第三ふ頭での荷役設備や野積場の整備と合わせて，朝ロ国境から羅津港までの鉄道を標準軌（北朝鮮規格）と広軌（ロシア規格）の混合軌道に改修した。2014年7月に完成式典が行われ，ロシア産石炭の輸出に利用されている。

中国から羅津港へのアクセスには，鉄道と道路の2つの方法があった。道路輸送の主要ルートは，図們江に係る圏河橋（朝鮮名：元汀橋）を経由するもので，

---

8）極東鉄道ウェブサイトでの2013年8月3日付記事。http://dvzd.rzd.ru/news/public/ru?STRUCTURE_ID=60&layer_id=4069&id=112904（2018年11月25日閲覧）
9）川村（2004, p.15）による。最大水深の第9バースの水深は12 mとの情報もある（成実，2006）。

このうち中国領内の琿春～圏河区間の整備が先行し，2000年12月に新道（39km）が完工した。北朝鮮側の元汀～羅津区間の道路は劣悪で舗装・改修の必要性は長く認識され，いくつかの試みがなされたが，いずれもとん挫した。しかしながら，2012年10月に中国側の協力によりようやく完成（50km）している。また，老朽化した圏河橋は，まず2010年6月に改修工事が完了し，さらに2016年10月に代替橋として新図們江大橋が完成した。これらにより，道路輸送インフラは実用上問題ない水準に達した。

鉄道ルートについては，図們市から図們江対岸の南陽に渡り，そこから羅津港に向かう路線の利用が有力視された。北朝鮮政府は1996年に南陽～羅津間（158.8km）を電化（李 2003, p.43）したが，21世紀初頭において「長年修理されていないため，安全で定刻通りの運行が保証できない（李 2001, p.31）」状態であり，その後も実質的な改善は図られていない。

## 4.2 ソフトインフラ整備

前述のとおり輸送回廊においては，法制度に代表されるソフトインフラも重要な要素である[10]。こうした法制度の基盤は，2種類の条約・協定に大別される。一つは，国際運送における運送人（鉄道会社，陸運会社，海運会社等）の荷主（荷送人・荷受人）に対する責任等を取り扱うものである。もう一つは，輸送手段（自動車，機関車，貨車等）およびその乗員，並びに輸送される旅客や貨物などの国境通過手続等を取り扱うものである。

前者のタイプの協定は，多くの国で共通して適用されるよう多国間協定で定められる場合が多い。中国，ロシア，北朝鮮は，いずれも「鉄道による国際貨物輸送に関する協定（SMGS）」の締結国であり，共通の制度基盤を持っている。これに対して，道路輸送ではロシアは「道路による貨物の国際運送契約に関する条約（CMR）」に参加しているものの，中国，北朝鮮は不参加である。したがって，2国間での対応が必要であるが，具体的にどのような形で処理されているかはあきらかではない。

---

10) 明文化されていない商慣習などもソフトインフラの一部と考えられるが，本章では触れない。また，輸送サービスも広義のソフトインフラに含まれるが，これについては次項で述べる。

後者のタイプの協定には，多国間協定のほか，国境を接する国同士での2国間協定も少なくない。中国とロシアの間の2国間協定としては，「ロシアと中国との間の道路輸送協定」（1992年締結），「旅客・貨物道路輸送手続」（1998年締結），「税関業務に係る協力・相互援助に関する協定」（1994年締結）などがあり，比較的早期に制度基盤が築かれたことがわかる（GTI 2014 b，pp.16-17）。ただし，これらが定めるのは基本的ルールである。例えば，相手国車両の自国領域への入域許可証の発行については，その数や対象などを毎年協議することなどが定められている。また，車両基準については相手国の規制に適合させることといった輸送の円滑化の観点からは改善が望まれる規定もある。税関関連の協力に関しては，2国間での定期協議などを経て，これまでに開庁時間の調整・延長などが実現してきている。

多国間協定の典型例としては，「TIRカルネによる担保の下で行なう貨物の国際運送に関する通関条約（TIR）」がある。これは，TIRカルネという書類を具備した自動車による通過貨物輸送の際の税関手続きを簡素化するものである。ロシアは以前から締結国であり，2016年に中国が同条約を批准したことで，トラックでの通過輸送の際の手続きが簡素化されることが期待される。

様々な協定を締結しても解決が難しいのは，制度運用に起因する問題である。筆者が現地関係者へのヒアリングの中で一度ならず聞いた話として，交通法規の取り締まりの例を挙げることができる。中国側車両がロシア領内を通行している時に，様々な理由（過積載，車両整備不備など）で検査を受け，罰金を徴収される事例が多いという。制度に違反している場合に摘発を受けることは当然のことで，それ自体を非難はできないが，中国側の問題認識は，ロシア側車両が過積載で運行していてもさほど厳しく摘発を受けておらず不公平だというものである。その他さまざまな事情もあって，制度上は中国企業も一定の範囲で参入できるはずのロシア国内での国際トラック輸送は，ほぼロシア側企業の独占となっていて，そのことが運賃の高止まりを招き，ひいては複合一貫輸送サービス全体の競争力をそいでいるといった批判も耳にしている。

## 4.3 複合一貫輸送サービス開発

国際輸送，特に複合一貫輸送の場合は，インフラが存在するだけでは成立しない。物流業者が，複数の輸送手段を組み合わせたり，円滑な通関手続のための諸

手配を行ったりして，これらをパッケージ化した輸送サービス商品を開発して，荷主企業に提供する必要がある。特に，中国による日本海港湾を利用した「借港出海」では，新たに日本海航路を開設する必要とするケースがほとんどであり，航路開設のハードルがサービス開発上の大きな課題となる。

### (1) 羅津港利用の北朝鮮通過輸送

日本海沿岸港湾を利用した複合一貫輸送サービスが最初に成立したのは，北朝鮮領内を通過して，羅津港で積み替えを行うルートであった。

韓国特殊船（韓国）と延辺現通海運集団（中国）は共同で東龍海運（韓国）を設立し，1995年10月に延辺州〜羅津〜釜山の複合一貫コンテナ輸送サービスを開始した。このケースでは，運航主体が羅津港の第二ふ頭の使用権を得て，羅津〜釜山に新たな航路を開設した。

当初は，比較的安定的に運営された。1995年から1999年までの輸送実績は増加傾向を示し，1999年にはコンテナが双方向合計で5225 TEU，バルク貨物が双方向合計で約1.6万トン輸送された（辻 2000, p.39）。さらなる市場開拓を目指して，1999年8月に同航路は新潟も寄港地に加えるようになった。しかしながら，新潟との間の貨物量が少ないことなどから，2001年6月には新潟寄港を取りやめた。その後も羅津〜釜山間の運行は継続されたが，南北経済交流の中断に伴い，2010年までにコンテナ船の運行は停止された（三村 2010, p.55）。

他方，2011年1月には，中国国内貨物を羅津港経由で輸送するサービス（いわゆる「内貿外運」[11]）が開始された[12]。中国税関総署等，関係機関の許可を得た上で，同年12月に琿春から羅津港経由で上海まで2万トンの石炭輸送を実施した。この輸送実施に先立ち，輸送主体である琿春創力海運物流有限公司（もしくはその親会社である大連創力集団）は，2008年に10年間の羅津港第一ふ頭の利用権を獲得したとされる（堀田 2011, p.64）。この後2012年4月までに，数回の輸送で計10万トンの石炭が輸送された（穆 2019, p.67）。石炭輸送は，約1年程度で終わっ

---

11) 国境を越える際に輸入入手続を経る外貿貨物と違い，輸出手続をしていない内貿貨物が国外に出て，また戻ってくるので，税関手続上の特別な扱いが必要となる。中国から外国に出て中国に戻るという意味で，「中外中」輸送と称されることもある。

12) この輸送は，前述の図們江規画要綱に基づく「先行先試」事業の一つである。

第6章　東北内陸—近くて遠い「借港出海」の進展は？

てしまったが，同社は2017年2月に今度はコンテナを利用してトウモロコシ約
3000トンを寧波（浙江省）に輸送するサービスを開始した[13]。

## (2) ポシェット港利用のロシア通過輸送

　ポシェット港は，中ロ国境から自動車で約40 kmの距離にあり，ザルビノ港よ
りも近い位置にある。1990年代前半時点で，3バース（総延長430 m，水深9.45
m）で11基のクレーンを有しており，年間取扱量44万トン（1994）と，ザルビノ
港とほぼ同等の港湾であった（環日本海経済研究所 1996, p.27）。ポシェット港が
ザルビノ港ほど注目されなかったのは，後背地が狭く，拡張制約があることから，
将来性が低いとみなされたためであった。

　前述の羅津〜釜山航路運航も手掛けた延辺現通海運集団は，1999年8月に延辺
州からポシェット港経由で秋田港向けのコンテナ輸送を開始した。中国側は中国
国際貿易促進委員会延辺支会が，日本側は秋田商工会議所などが中心となり，輸
送貨物の集荷に努めた。日本品種のタマネギを現地で生産して日本に輸入する試
みなども行われたが，輸送量は思うように増加しなかった。結果として，2003年
5月には定期運航を取りやめ[14]，そのまま自然消滅する形となった。実質的に
丸4年間の輸送実績は，合計でわずか909 TEU であった。

　同港を運営する株式会社ポシェット商業港は2004年3月にロシアの大手鉄鋼グ
ループ「メチェル」の傘下に入り，同グループが輸出する石炭積出港へと変容し
た。その後は，同港で中国の通過貨物を扱うことは考えられない状況にある。

## (3) ザルビノ港利用のロシア通過輸送

　東春フェリー[15]（韓国）は，琿春市政府との協力により，2000年4月28日に
束草（ソクチョ）港（韓国・江原道）とザルビノ港の間に，旅客と貨物の両方を
扱う定期フェリー航路を開設した。2006年までの同航路の累積輸送実績は旅客42
万人，貨物4万 TEU に達し，うち2006年の輸送人員は6.5万人，貨物は9000
TEU であった[16]。その後，2010年3月に発生した韓国哨戒艇「天安」の沈没事

---

13) 吉林日報，2017年2月15日付。
14) 秋田魁新報，2003年5月21日付。
15) 資料によっては，日本語で「東春航運」と表記されていることもある。

133

件や世界金融危機の影響等もあり航路の赤字幅が拡大したため，同航路は2010年10月に運航を停止した（GTI 2014, p.21）[17]。結局，2011年10月に東春フェリーに対する運航免許が取り消された[18]。代わりに免許交付を受けた大亜航運は，スウェーデン船社のステナ社と合弁企業を設立して2013年3月に航路を再開したが，こちらも短期間で撤退した。

　新潟県は，上述のザルビノ港整備プロジェクトのF/Sに協力するなど，1990年代から新潟港とザルビノ港の間の航路開設に関心を示していた。2000年代に入ると，新潟県内の民間企業が主導する形で，航路開設の動きが具体化した。その後，新潟県庁と吉林省政府も協力する形で準備が進められた。この間に2回，航路が開設されたが，いずれも短期間で停止しており，2019年時点で航路は存在していない。

　1回目は，2009年6月に運航を開始した。この時は，韓国，中国，ロシア，日本の企業等が出資した北東アジアフェリー株式会社（韓国）が運航会社であった。韓国側のパートナーは上述の東春フェリーである。同年9月まで運航したが，短期傭船した船舶の傭船期間終了後に後継船舶を確保することができず，運航休止に至った。2回目は，2011年8月に運航を開始した。この時は，飯野港運株式会社が新潟港～ナホトカ港の間などで運航していた在来貨物船をザルビノ港に寄港させる形での運航であった。利用した船舶が小型で，天候による運航スケジュールの乱れなどもあり，利用は低迷した。結果として，2013年3月以降は運航が途絶えた。これらに続く3回目の航路開設に向けて，新潟国際海運株式会社を中心に，運航船舶調達の努力がなされた。しかし，同社は船舶購入に失敗し，2019年に会社は解散した。

　1回目，2回目の航路の運航が継続できなかったことからの教訓として，新潟県では，船舶を確実に確保する必要性や航路運航のベースとなる貨物の確保，適

---

16）「2007北東アジア経済発展国際会議イン新潟」における同社パク・ソンホ社長の発言による。なお，フェリーではコンテナ貨物以外も輸送していたため，ここでの貨物量はコンテナ換算した数値であると理解するのが妥当である。

17）就航船舶「ニュードンチュン号」は2010年8月には富山港への寄港地を開始した。それ以前からウラジオストクにも寄港するなど，収入拡大の努力をしていた。

18）「2012北東アジア経済発展国際会議イン新潟」における韓国交通研究院アン・ビョンミン氏の発言による。

切な船型の船舶利用の必要性などを指摘している[19]。

　以上の経緯を経て，数年にわたりザルビノ港には定期航路が無い状態が続いたが，2015年5月に上述の琿春〜マハリノ鉄道の中国側区間を運営する「吉林省東北亜鉄路集団」が，子会社「吉林省東北亜海上シルクロード国際海運」を通じて，琿春〜ザルビノ港〜釜山港でのコンテナを利用した複合一貫輸送サービスを開始した。ザルビノ港にはコンテナ荷役用クレーンがないことから，クレーン付きの船舶を利用した。

　当初，週1便の運航でサービスを開始したが，その後，当該船舶が当該ルートとは別の港湾等に寄港しており，当初目論見通りの運航は行われていない。吉林省人民政府が作成した資料[20]によれば，2016年の輸送実績は，中国から韓国向けは水産，木製品など280 TEU で，韓国から中国向けが厨房用品や食品など450 TEU にとどまったとされている。琿春〜釜山間では十分な貨物を確保できていないため，他のルートでの貨物も輸送することで，船舶の稼働率向上を図っている状況である。

### (4) ウラジオストク港利用のロシア通過輸送

　綏芬河輸送回廊での複合一貫輸送で利用する港湾としては，ウラジオストク港，ナホトカ港，ボストーチヌイ港などが想定されるが，このうち中ロ国境から最も近い（約200 km）ウラジオストク港が最有力候補となる。同港には，年間95万TEU の取扱能力があるとされており[21]，過去最大の取扱量（87万 TEU，2014年）を考慮すると，中国発着通過貨物の量が年間数万 TEU のレベルにとどまるうちは，能力向上のインフラ整備の必要はない。

　他方，ロシア国内の輸送距離が図們江輸送回廊の場合よりも長いこともあり，2000年代以降に何回かの試験輸送は行われたものの，営業ベースでの複合一貫輸送の成立は遅れた。

　「SWIFT」のブランドで中ロ間の鉄道コンテナ輸送などを手掛けてきた海鉄聯捷運輸集団（中国・天津）は，2016年4月からハルビン〜綏芬河〜ウラジオスト

---

19) 「日本海横断航路の在り方検討委員会」第1回会合での配布資料。
20) 2018年4月11日に GTI がウラジオストクで開催した国際会議における配布資料。
21) ロシア連邦運輸省の港湾台帳による。

ク／ボストーチヌイ～（釜山）～上海等中国沿岸部のルートでのコンテナ輸送サービスの営業を開始した。同社の資料によれば，2016年末までの取扱量は3266 TEU であり，2017年は上半期のみで4486 TEU に達した。また，綏芬河市政府によれば，2017年の取扱量は7250 TEU だったとのことである。同時期の「図們江輸送回廊」／「プリモーリエ―2」に比べて，相対的に多くの通過貨物輸送が実現している。

　図們江輸送回廊の事例も含めここまで紹介してきた輸送サービスは，基本的に新規航路開設を伴うプロジェクトとして展開されてきた。これらとは少し事情が異なるのは，DBS フェリー航路を利用した輸送サービスである。DBS クルーズ（韓国）は，2009年6月に境港（鳥取県），東海港（韓国・江原道），ウラジオストク港を結ぶ国際定期フェリー航路を開設した。鳥取県ではこの航路の貨物量増加を図るため，黒龍江省と吉林省発着の貨物の取り込みを目指し，何回かの試験輸送を行って有効性の確認や問題点の把握を行っている。例えば，2016年10月から11月にかけて綏芬河市からウラジオストクまで陸上輸送した貨物を DBS クルーズフェリー利用により境港まで輸送した。また，2018年には2度にわたり，運航船舶をザルビノ港に追加寄港させる措置を行い，吉林省発着の貨物をザルビノ港で積降するという試験輸送を行っている。

## 5　「一帯一路」以降の「借港出海」

### 5.1　「一帯一路」と北東アジア

　「一帯一路」の一環として実施する国際展開事業の実施対象国を明示した公式の公開文書は存在しない。したがって，個々の北東アジア国家が対象国であるか否かを明確にすることはできない。ただし，2016年6月に中国，モンゴル，ロシアの首脳会談の際に，三カ国で「中国・モンゴル・ロシア経済回廊建設規画要綱」が取りまとめられている事実から，ロシアおよびモンゴルは明らかに対象国である。この経済回廊は，「一帯一路」を構成する6つの経済回廊のうちの一つと位置付けられている。これに対して，日本，北朝鮮は「一帯一路」事業の展開対象国では無いように見える。少なくとも，広く流布している地図等では，ユーラシア大陸の西方への展開を示すイメージが示されているのに対し，これら東アジア諸国への志向を示唆する表現は見当たらない。

第6章　東北内陸─近くて遠い「借港出海」の進展は？

こうした理解に基づけば，黒龍江省や吉林省はロシア経由で西方の欧州とつながるルート上にあるという点において，「一帯一路」戦略の中で重要な役割を果たしているとは言えても，本章で述べてきたような東向きの「借港出海」の政策は「一帯一路」の範疇から外れていると考えるのが妥当のように思われる。しかし，果たして本当にそうなのか。以下では，こうした問題意識を持って両省の最近の政策動向を検証してみたい。

## 5.2　黒龍江省

黒龍江省には，「一帯一路」の公式発表の前年にあたる2013年8月に国務院の承認を得た「黒龍江省と内モンゴル東北部地域国境地域開発開放規画」という地域発展戦略があった。これは，4032 kmにも及ぶ長い国境を接するロシアに対する開放政策を強化しつつ地域の経済成長を図ろうとする政策である。この中で，綏芬河市や隣接する牡丹江市などは，ウラジオストクとの関係強化を図りながら発展を目指す地域とされており，これに関連して交通インフラ整備なども盛り込まれていた。ただし，「借港出海」による日本や韓国との間の関係強化については，明示的な言及はない。

それから2年もたたない2015年4月に，黒龍江省政府は「『中国・モンゴル・ロシア経済回廊』黒龍江陸海シルクロード経済帯建設規画」を発表した。この中では，広州，寧波，上海，新潟，釜山などから，ウラジオストク港，ナホトカ港，ボストーチヌイ港を経由して，綏芬河に至る陸海聯運ルートを推進することが明記されている。このことは，黒龍江省が，「一帯一路」というプラットフォームを活用して「借港出海」政策を展開しようとしていることを意味している。上述のSWIFTによる複合一貫輸送サービスの展開は，まさにこの政策の実現を図ったもので，省政府の主導の下で実施された。

興味深いのは，前述の中国，モンゴル，ロシアの三カ国による共同文書がまだ協議途中にあった時点で，黒龍江省が先行して「中国・モンゴル・ロシア経済回廊」という名称を冠した政策文書を策定，公表しているという点である。実は，黒龍江省は2014年11月に省内向けに「東部陸海シルクロード経済帯[22]」を推進するという文書を発出済みであった。この文書を，中央政府が推進する政策を先

---

22) 1990年代に日本との協力で実現した「東方水上シルクロード」を想起させる名称である。

取りするほどの迅速さで，あえて「経済帯」の名称を変更することまでして，打ち出し直すという作業を行ったことになる。

## 5.3　吉林省

　吉林省は，黒龍江省とは異なり，「シルクロード」といった「一帯一路」を象徴するキーワードを用いた新たな政策文書は発表していない。しかし，実態としては，黒龍江省と同様に，「一帯一路」というプラットフォームを活用した「借港出海」政策展開を強化している。

　具体的には，吉林省は2015年9月に「一帯一路」建設を推進する指導グループを設立したり，同年10月に「一帯一路」の実施プランを作成したりしている。また，「一帯一路」に深くかかわることや，「長吉図先導区」建設推進，ザルビノ港整備プロジェクトの推進などを通じて，「長吉図」地域を東に向かって開放していくという戦略を打ち出している[23]。吉林省としては，「一帯一路」を東向きに展開する方針を示したことになる。

　その後，2018年1月の省長の政府活動報告[24]において，「一帯一路」建設に取り組むという文脈の中で，「長吉図戦略を実施し，中国図們江地域協力開発規画要綱の修正に着手する」と述べている。そして，これに続き，具体的な施策として，ロシアと共同での国際輸送回廊「プリモーリエ―2」の構築，対ロシア国境通過点における通関と越境輸送の利便性向上，ザルビノ港等のプロジェクトといった項目を列挙している。これまで進めてきた「借港出海」政策を「一帯一路」のプラットフォームを活用して，一層強化することを念頭に置いているものと理解できる。

## 6　まとめ

　本章では，「借港出海」の実現に向けて，過去30年弱の間にどのような展開が

---

23）吉林省第12回人民代表大会第5次会議ホームページ参照。（2019年4月17日閲覧）
　　http://jlrd.gov.cn/ztzl/ljhy/jlsdsyjrdschy_56366/wjbg/201601/t20160128_5411416.html
24）吉林省人民政府ウェブサイト。（2018年12月11日閲覧）
　　http://www.jl.gov.cn/zw/xxgk/gzbg/szfgzbg/201802/t20180220_4364710.html

あったかを整理してきた。政策面においては，吉林省や黒龍江省などの地方政府のみならず，国際社会等においても，積極的に推進すべき政策課題として認識されてきた。インフラ整備については，各時点において，当面の必要に応じた最低限の整備を行ってきたと言えるだろう。複合一貫輸送ルートでの実際の輸送量は，コンテナ貨物の場合で年間1万TEUに達したケースはないものと思われる[25]。

　総じて言えば，1990年代初めに「借港出海」が提起された時点での期待を下回る成果しか実現できていない。簡単に手が届くと思われた目標は，実際は遠かったのである。特に大きな課題となったのは，新規航路の開設と運航維持であった。これまでの経緯から重要なことは，継続的な営業を可能とするような安定的な貨物輸送量を確保することである。つまり，航路開設の努力と並行して，貿易拡大の努力も重要だということだ。「借港出海」を推進する政府（中央政府・地方政府）は，この点にこれまで以上に大きな注意を払うべきであろう。

　黒龍江省と吉林省との比較で言えば，より積極的に「借港出海」を推進してきたのは，「図們江輸送回廊」を展開する吉林省であった。90年代のかなり早い時点からインフラ整備プロジェクトの必要性が強調され，また複合一貫輸送サービスが展開されてきた。これに比べると「綏芬河輸送回廊」は，元来中ロ間の2国間輸送ルートとしての輸送実績があり，相対的にインフラ整備の水準が高く，既存インフラの利用によりある程度の輸送サービスが提供可能であったことから，本格的なインフラ整備の必要性はあまり重視されてこなかった。また，2国間輸送で一定程度の輸送が実現していたことから，「借港出海」コンセプトに基づく複合一貫輸送を推進することによる取扱貨物量増加のインセンティブも相対的に低かったといえる。

　しかし，2014年に「一帯一路」が発表された後，黒龍江省が積極性を高めてきた。政策環境の変化に呼応して，「龍江陸海シルクロード経済帯」戦略を打ち出し，既存インフラの活用を通じた複合一貫輸送サービスが活性化された。足元では，「図們江輸送回廊」を上回る通過貨物輸送が行われるようになった。同時に，

---

25) 本章の執筆過程で確認できた範囲では，東春フェリーの2006年実績の9000 TEUが最大である。ただし，同航路の2007年〜2009年，また1999年に5225 TEUを輸送した羅津〜釜山航路の2000年から運航停止までの実績は確認できておらず，1万TEUを越えた年がある可能性も否定できない。

吉林省もまた，ザルビノ港経由の複合一貫輸送に再挑戦している。日本政府も第三国での「一帯一路」協力を進める姿勢を示しており，「一帯一路」の登場で「借港出海」を推進する環境は大いに改善したと言える。

　重要なことは，「一帯一路」以前から長年にわたって展開されてきた「借港出海」政策が，いまや「一帯一路」の名の下で展開されているという点である。歴史的な出自が異なり，一見無関係に見える政策を，黒龍江省や吉林省はいとも簡単に「一帯一路」に結びつけ，しかも停滞気味だった状況を打破する契機として活用している。政策主体の工夫次第で，いかなる政策であっても「飲み込む」ことができる「一帯一路」の懐の深さを示す好事例である。この点に鑑みると，本章の結論として，やはり「一帯一路」は汎用性の高い「政策プラットフォーム」だと言えるのである。

【追記】本章は，JSPS 科研費（課題番号 JP16K101972「中ロ国境地域経済の変容に伴う越境輸送高度化と北東アジアへの含意」）による研究成果の一部である。

## 参考文献
### 日本語文献
新井洋史［2009］「北東アジア域内物流を担う輸送回廊整備の動向と政策的対応に関する考察」『ERINA REPORT』vol.89, pp.51-63

——［2012］「輸送回廊アプローチによる北東アジア物流環境の整備」『北東アジアの直面する課題と国際協力』（ERINA 北東アジア研究叢書— 1 ）日本評論社，pp. 92-103

——［2015］『琿春〜ザルビノ〜釜山複合一貫輸送サービス開始について』（ERINA 北東アジア情報ファイル No.1501）

川村和美［2004］『中国・東北部における産業と交通インフラ』（ERINA Discussion Paper No.0405）

環日本海経済研究所［1996］『ロシア連邦ザルビノ港整備計画調査報告書』

呉昊，應雋［2010］「長吉図開発開放先導区と中国国境地域開発解放モデルの革新」『ERINA REPORT』vol.96, pp.33-40

朱永浩［2013］『中国東北経済の展開—北東アジアの新時代』（ERINA 北東アジア研究叢書— 2 ），日本評論社

辻久子［2000］「図們江地域の輸送回廊実現に向けて」『ERINA REPORT』vol.34, pp.

32-40

東方水上シルクロード貿易促進協議会［2013］『東方水上シルクロード歴史と浪漫そして未来への挑戦（東方水上シルクロード貿易促進協議会20周年記念誌）』

成実信吾［2006］「北朝鮮羅津港訪問記」『ERINA REPORT』vol.68，pp.67-69

北東アジア経済会議組織委員会運輸・物流常設分科会［2002］『北東アジア輸送回廊ビジョン』（ERINA booklet vol.1）

堀田幸裕［2011］「中朝関係の緊密化とその実態」『北朝鮮体制への多層的アプローチ──政治・経済・外交・社会──』，日本国際問題研究所

三村光弘，［2010］「羅先出張記」『ERINA REPORT』vol.96，pp.53-55

穆尭芊［2019］『中国の地域開発政策の変容─地方主体の展開と実態』（ERINA北東アジア研究叢書─9），日本評論社

──，天野祐子［2015］『中国の地域発展戦略の概要（2008-2015)』，ERINA

李金波［2012］「綏芬河〜満州里輸送ルートの発展構想」，『ERINA REPORT』No.108，pp.38-42

李燦雨［2003］『図們江地域開発10年─その評価と課題─』（ERINA booklet vol.2）

李茂祥［2001］「図們江下流地域の開発現状と基本課題」『ERINA REPORT』vol.38，pp.30-34


**英語文献**

GTI（Greater Tumen Initiative）［2014a］Evaluation Study on the Sea-Land Routes in Northeast Asia

──［2014b］Software Support to the Operationalization of Transport Corridors in the Greater Tumen Region


**中国語文献**

黑龙江省社会科学院［1994］『黑龙江省经济社会发展资料第一，二季度（1994)』

## ■第7章■ 海上シルクロード——「海運強国」は実現可能か？

朱永浩

### 1 はじめに

2013年9～10月に中国が提唱した「一帯一路」（シルクロード経済帯と21世紀海上シルクロード）に対する関心は，世界的に高まっている。「一帯一路」とは，字面通り解釈すれば，中国から中央アジアを経由する「シルクロード経済帯」，南シナ海やインド洋を通る「21世紀海上シルクロード」によって中国と欧州を結ぶという広域経済圏の構想である。

この「一帯一路」に基づくインフラ整備のための資金面の受け皿として，中国は2014年に単独で400億ドルを出資してシルクロード基金（SRIF）を設立した。また，2016年には中国主導で資本金1000億ドルを有する国際開発金融機関・アジアインフラ投資銀行（AIIB）も創設された[1]。鉄道や道路，港湾，通信設備などのインフラ投資の加速化および高速道路，高速鉄道，石油・ガスパイプライン，海上航路などの相互接続を図ることで，中国と「一帯一路」沿線国との経済連携の推進や貿易円滑化が期待されている。

2017年5月には，「一帯一路」国際協力フォーラムが北京において開催され，130余の国および80以上の国際機関の代表が参加した。フォーラム期間中，中国は協力重点分野として，①政策協調，②施設の連結性，③貿易円滑化，④資金の融通，⑤民心の通い合いを提唱した。また，国際協力枠組みとしての「一帯一路」の機能を向上させるため，関連国への投資や輸入の拡大目標を発表し，11カ

---

1）AIIBの創設メンバーは，設立時（2016年1月16日）の57カ国・地域から，2018年8月では87カ国・地域まで拡大した（https://www.aiib.org/en/about-aiib/index.html，2018年10月1日アクセス）。

国との協力覚書および30カ国との経済・貿易協力協定を締結した。

　こうして「一帯一路」が具体化段階に入りグローバルな広がりを見せているなか，「一帯一路」は沿線国・地域の経済成長への寄与に加え，中国経済にも多くのメリットが及ぶと期待されている。その進展に伴って新規物流インフラ整備と既存国際交通網の拡張を梃子にした質の高いインフラ整備体制，国際物流網が構築されることにより，沿線国・地域との経済協力の行方に大きな影響を与えるだろう。

　本章は海のルートである「21世紀海上シルクロード」を取り上げ，その対象地域は，中国沿海部，インドシナ半島，インド，スリランカなどの国・地域のみならず，アラビア半島の沿岸部，アフリカ東岸，欧州にまで伸びている。中国はこれら対象地域の主要港湾を整備し，国際物流網を発展させ，南アジアやアフリカ大陸への進出の足掛かりとしている。加えて，中国は港湾事業の建設や経営に着手し，アフリカ東岸での鉄道整備計画を支援しており，さらにアフリカ内陸地域とも密接な繋がりを構築しようとしている。その主要な目的としては，伝統的な安全保障や海洋権益の確保に加え，経済面からみた「海運強国」を目指すべく，港湾の建設・投資，航路の拡大，寄港数の増加などを含めた効率的な海上物流網の整備も挙げられる。

　周知のように，船舶を利用して人や荷物を輸送するのが海運業である。中国では海運がトン・キロベースで最大シェアを占める重要な物流モードである。重要性が今後も高まる中国の対外物流・貿易の大半は，海運により行われている。したがって，中国海運業の動向を切り口の一つとして，21世紀海上シルクロードの展開を紐解くことが重要である。

　そこで本章では，既存の文献研究および2016年3月に実施した中国でのヒアリング調査[2]に基づき，歴史的評価や概念の解釈，経済的な合理性などの観点から，世界中から注目される「一帯一路」の意義と可能性を浮き彫りにした上で，プラットフォームとしての「一帯一路」に関わる6つの経済回廊，中国海運業の特徴

---

2）詳しくは，北京市（交通運輸部規画研究院，国家発展改革委員会総合運輸研究所，北京科学学研究中心，COSCO研究発展中心，C社），天津市（G社），深圳市（K社，Z社，S社），広州市（Y社，J社）の専門家・有識者へのヒアリングによる（2016年3月20日～3月27日に実施）。

第7章　海上シルクロード─「海運強国」は実現可能か？

および課題という視点から考察を加えることとしたい。

## 2　歴史から見る「一帯一路」の意義と物流への影響

### 2.1　陸海の経済圏を同時に築く「歴史的な実験」

　歴史的な観点から「一帯一路」を紐解こうとした場合，「陸」（一帯）と「海」（一路）を分ける必要がある。「一帯」とは，前漢（紀元前206年〜 8 年）の張騫が西域（現・中央アジア）に使者として赴いたルート，そして唐の時代（618〜907年）に隆盛を誇った陸上の交易網「シルクロード」から着想を得たものである。当時の世界経済中心の一つは中国だったことから，世界の人々が中国に向かい，また中国から色々なものが外へ出ていった。当時の「陸のシルクロード」の中心地だった長安（現・西安）は多様な文化や宗教が入り交じり，今でいうグローバリゼーションの歴史的位置の最先端を行く大都会であった。すなわち，中国が古代の「陸のシルクロード」の主役として位置づけられ，また実際のプレーヤーとして重要性を持っていた。

　他方，「一路」にあたる「海のシルクロード」がどの時代に，またどのように繁栄したのかという点は検討を要する。歴史上，果たして中国が海上の主役だった時代はあったのか。古代の「海のシルクロード」では，絹，木綿，ガラス，漆器，磁器，青磁，白磁，染付，香料（樟脳等），胡椒，オリーブ，茶，金・銀，酒，宝石，象牙，磁石等が交易品として運ばれていた（三杉 2006，pp.66-107）。しかし，鄭和（1371〜1434年）[3]は例外として，陸のシルクロードが隆盛を見た唐や明の時代，中国の造船技術では世界の海を股にかけて交易を行うことは困難であった。

　当時の海上交易は，主にペルシア人，アラビア人，そして海賊と呼ばれた人々が担っていた。そして，季節風と潮流に頼っていたこの東西交易によって，海上航路の確立につながることになった（三杉 2006，pp.17-21）。さらにその後の15〜17世紀の大航海時代は，スペイン，ポルトガル，さらに後発のイギリスなどのヨーロッパの国々が「海のシルクロード」の主役となり，世界貿易の航路へと

---

　3 ）明代の宦官・武将である鄭和は，1405〜1430年の間， 7 回にわたる南海遠征の総指揮官として船団を率い，東南アジア，アフリカ東岸にまで到達していた。

進化を遂げ，グローバルな規模の広がりとなった。

このように，歴史的に見て海上交易網における担い手は極めて多様であり，決して中国が海の世界の中心に位置したわけではない。つまり，中国の歴史上，「陸」と「海」のシルクロードの交易網が同時に繁栄した経験はこれまでになかったということである。この事実を踏まえれば，今日の「一帯一路」はユーラシア大陸のほぼ全域からアフリカ大陸，欧州に至る「陸」と「海」の国際経済圏を同時に構築していくという「歴史的大実験」とさえ言える。

## 2.2 「一帯一路」の現在地とこれからの捉え方

2013年の提唱以降，「一帯一路」の解釈はどのように変貌してきたのか。結論から言えば，概念としてより広がりを持ち，かつ抽象的になっている。2013年当初，「一帯一路」は「One Belt and One Road」（OBOR）に英訳されることが多かったが，これは中国（東側の起点）とヨーロッパ（西側の終点）を結ぶ「陸上と海上の交易網」として捉えていた。しかし最近では，「The Belt and Road Initiative」（BRI）という英訳が主流となっている。この呼称の変化がいったい何を意味するのか。BRIは東南アジア経由でアメリカに向かう物流ルート，あるいは北極の開発など，地理的な限定は設けられておらず，これらもすべて「一帯一路」に位置付けられている。

すなわち，「一帯一路」に関わる国際物流ルートがすべて西側の欧州に向かうとは限らず，東側，南側，北側へと向かう動きもあり，1本の線（またはルート）では説明できない状況が生まれている。また物流ルートの方向のみならず，インフラ整備や貿易・投資といった経済分野での協力体制のほか，文化交流を含むソフト面など分野別の拡大という側面も指摘すべき点である。

つまり，今や「一帯一路」は，明確なルートを辿る一つの概念というより，一種の「イニシアティブ」または「プラットフォーム」として捉えるべきものへと変貌している。また，中国と沿線国との二国間・多国間の地域協力プラットフォームを支える観点から，王［2017］は「『一帯一路』は一つの実態とメカニズムではない。協力を発展させる理念と提唱である」（王［2017］，p.24）と指摘している。

本書では，「一帯一路」をプラットフォームとして捉えている。それは既述のような物流ルートの設定という基盤性を持ちながらも，それにまつわる経済協力

という包括性，長期性に発展していくという創造性，また時代の流れや貿易，経済関係に伴う変化性を意識して論じる必要がある。

　ただし，経済学的なロジックから見て，あえて一つの指標を定めるとすれば，経済性の有無となろう。中国政府が絡んでいるからといって，すべての「一帯一路」関連開発事業がビジネスチャンスに繋がると考えるべきではないし，また中国政府が絡むが故にすべてを否定することも意味がない。「一帯一路」の合理性を見るためには，中国政府の支持制度・補助金がなくとも，その事業が経済的な合理性・持続性を持つのかどうか，発展する可能性があるかどうか，という多角的な視点に立って冷静に見極めることが大切である。

## 2.3　動き出す6つの経済回廊と物流拡大への期待

　2015年3月，中国国家発展改革委員会，外交部，商務部は「シルクロード経済帯と21世紀海上シルクロードの共同建設推進のビジョンと行動」（中国語表記：推動共建絲綢之路経済帯和21世紀海上絲綢之路的願景与行動）を共同発表し，その中には「一帯一路」関連国との連携を強化する方針が示された。

　具体的には，「一帯一路」の対象地域として，アジア，欧州，アフリカ東岸にわたる6つの経済回廊が特定された（図7-1）。すなわち，①中国・モンゴル・ロシア経済回廊（CMREC），②新ユーラシア・ランドブリッジ（NELBEC），③中国・中央アジア・西アジア経済回廊（CCAWAEC），④中国・インドシナ半島経済回廊（CIPEC），⑤中国・パキスタン経済回廊（CPEC），⑥バングラデシュ・中国・インド・ミャンマー経済回廊（BCIMEC）である。

　これら経済回廊①～⑥のいずれも，ロシアやモンゴル，カザフスタン，パキスタン，ミャンマーなど，中国と国境を隣接する国が含まれていることから，中国から近隣諸国への積極的なアプローチが目立っている。しかし現状では，国境地帯におけるインフラの未整備区間や国境通過手続きの制約などの課題は，依然是正すべき課題として残されたままである。したがって，物流の高度化・効率化に向けて，国境地帯でのハード・ソフト両面の物流インフラの整備を推進する必要がある。すなわち，6つの経済回廊における市場統合（中国と沿線国・地域との貿易・投資の促進）および国際物流（安定した貨物需要の確保と物流網の構築・強化）は，表裏一体の関係にあると言える。

147

図7−1 「一帯一路」の6つの経済回廊

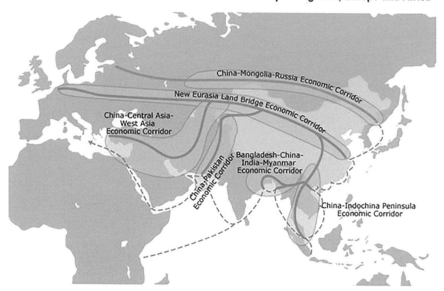

(出所) 香港貿易発展局 (http://china-trade-research.hktdc.com/business-news/article/The-Belt-and-Road-Initiative/The-Belt-and-Road-Initiative/obor/en/1/1X3CGF6L/1X0A36B7.htm, 2018年9月1日アクセス)。

## 2.4 CMRECの意義と「中欧班列」の利用拡大

　次節で詳しく取り上げるように，中国の国際物流のほとんどが海運によるものである。しかし忘れてならないのは，中国の基本的な性格は「大陸国家」であるという点である。広大な面積を持つ中国において，内陸の都市から商品をどうやって港，あるいは国境の駅まで運ぶのか。これは中国の物流，ひいては「一帯一路」を理解する上で欠かすことのできない視点である。

　本項では一例として，北東アジア地域[4]における市場統合と物流としての重要性を持つ中国・モンゴル・ロシア経済回廊（以下，CMREC）を取り上げてみた

---

4）ここでいう「北東アジア地域」とは，日本，大韓民国（韓国），朝鮮民主主義人民共和国（北朝鮮），モンゴル，ロシア（極東地域），中国（東北部）の6カ国・地域を対象としている。

い。「一帯一路」の経済回廊の一つとして注目される CMREC がいま，北東アジアの地域間経済協力を変貌させる原動力として，ロシア主導の「ユーラシア経済連合」[5]，モンゴル策定の「草原の道」計画[6]との連携を図りながら，「一帯一路」の重要な一翼を担おうとしている。とりわけ，国際物流は中国，ロシア，モンゴルの３カ国における優先かつ重点の協力分野となっている。

2018年８月時点で，中国発のロシアあるいはモンゴル経由で欧州と鉄道で結ぶ CMREC の輸送ルートは，４本の鉄道路線が存在する。すなわち，①「阿拉山口・ホルゴス～中央アジア～ロシアのシベリア横断鉄道（TSR: Trans Siberian Railway），②「エレンホト～モンゴル～TSR」，③「満洲里～TSR」，④「綏芬河～TSR」の４ルートである。これらの鉄道路線は，中国からヨーロッパへの物流・国際輸送を最短距離で結ぶコンテナ鉄道輸送の主要ルートと位置付けられている。

そして現在では，中国と欧州の大陸間を結ぶ国際定期貨物列車「中欧班列」（China Railway Express）というブロックトレインの輸送サービスが注目されている。2011年３月には最初の中欧班列の路線として，中国内陸部の重慶から新疆ウイグル自治区，カザフスタン，ロシア，ベラルーシ，ポーランドを経由してドイツのデュイスブルクに向けて運行する「渝新欧」（走行距離１万1179km，所要日数14日）が開通した（図７－２）。その後，中国内陸発の新規中欧班列の路線は急速に増えており，2018年８月26日の時点で，中国における48の都市とヨーロッパの40以上の都市が鉄道によって繋がっている。「一帯一路」構想が立ち上がる前まで，年間で数十便ほどだった中国―ヨーロッパ間の鉄道コンテナ輸送（2016年より「中欧班列」という統一ブランドへ）の累計運行便数は１万便に達した[7]。このうち，2017年の年間運行便数は，3270便に上った（焦・景 2018, p.28）。

こうした国際物流の整備に積極的にアプローチする中国の動きは，地理的に離れた日本と韓国を連結させる場合，ロシア極東地域を経由する物流の新たな国際

---

5）ユーラシア経済連合（EAEU）とは，ロシア，ベラルーシ，カザフスタン，アルメニア，キルギスから構成される地域経済統合のフレームワークである。

6）モンゴルの「草原の道」計画は，997km の幹線道路と，モンゴル経由でロシアと中国を結ぶ1100km の地域間送電・送ガス・送油ネットワークの建設が計画されており，投資予定額は500億ドルである。詳しくは，何茂春・田斌［2016］，p.59を参照されたい。

7）中国一帯一路網（https://www.yidaiyilu.gov.cn/，2018年11月15日アクセス）

図7-2 中欧班列「渝新欧」の路線図

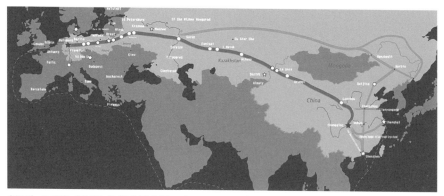

（出所）渝新欧（重慶）物流有限公司のホームページ（http://www.yuxinoulogistics.com/website/h-English/en-about.html, 2018年9月1日アクセス）。

複合輸送[8]ルート（陸のシルクロードの東側への延長）を開拓することが不可欠である。2016年3月，ロシア極東地域の港湾を経由する「中国～ロシア～韓国（ハルビン～綏芬河～ウラジオストク～釜山）」国際複合輸送第1便が出発し，2018年9月までの運行便数はすでに122便に上り，コンテナ取扱量は1万5626TEUに達している[9]。

他方，中国の隣国・ロシア極東地域では，2015年7月に制定された「ウラジオストク自由港法」により，ウラジオストク港とその周辺一帯は，税制面での優遇措置や通関の迅速化などの規制緩和が受けられる特別経済区域に指定された。かつては中ロ国境地帯で分断されていた輸送インフラへの投資および物流サービスの向上により，北東アジア経済連携のさらなる拡大が期待される。

なお，こうした円滑な北東アジア国際物流を阻害する要因として，主に中国の国境地帯に存在する4種類の「不連続点」が指摘される。すなわち，①鉄道・道路の未接続による不連続点，②鉄道軌道幅の相違（たとえば，中国側は標準軌の

---

8）国際複合輸送（International Multimodal Transport）とは，複数の輸送モード，すなわち船舶だけでなく，飛行機，貨物列車，トラックなどを利用して，二国間・多国間での輸送サービスを行うシステムを指す。
9）『黒龍江新聞』2018年10月4日付。

1435ミリメートル，ロシア・モンゴル側は広軌の1520ミリメートル）による不連続点，③国境通過に伴うCIQ（税関・出入国管理・検疫）手続き・検査による不連続点，④トラック輸送の乗り入れ範囲の制限による不連続点などである（Arai, Zhu and Li 2015, p.2）。このうち，①と②はハード・インフラ（鉄道，道路等）に起因するものであり，③と④はソフト・インフラ面（運送事業関連制度，安全規制等）の障壁である。

これらの不連続点・課題に対する具体的な対応策について，ハード・インフラ整備のボトルネックとなっている部分の解消はもとより，ソフト・インフラの課題に関しても，複雑な制度の簡素化や，制度運用の透明化，各関係国間の協力推進の戦略と工程表の策定・情報の共有，国際協力に欠かせない人材育成体系の整備など，様々な仕組みの構築および実効性の確保が必要となる。こうしたハード・ソフト両面での物流インフラの改善により，国境を越えた貿易・投資が拡大し，「一帯一路」沿線国の地域経済の活性化および地域社会の安定化への寄与が期待できる。

## 3 「21世紀海上シルクロード」と中国海運業の課題

### 3.1 中国物流の主役としての海運業

2016年における世界の貿易は，重量ベースで全体の8割以上（貨物取扱量がトンベースで103億トン，トン・キロベースで881億トンキロ），金額ベースで7割以上が海上輸送によって運ばれている（UNCTAD 2017, pp.5-6）。世界の貿易が拡大すれば，海運の荷動きも比例して増加するのは明白である。同様に，中国においても海運が国際物流の主役である。改革開放期の高度経済成長に伴う貿易量の急速な拡大を背景に，中国港湾における対外貿易の貨物取扱量（トンベース）は，2000年の6億トンから2017年の40億トンと約6.7倍も増加した[10]。

中国海運業の急成長を支えてきた主要取扱貨物は，原油や石炭，鉱石，穀物などの地下資源と一次産品および工業製品である。このうち，工業製品は主に世界共通規格の海上コンテナによって運ばれている。ただし，今後は石炭，鉱石，原

---

10) 中国国家統計局「2001年国民経済・社会発展統計公報」，「2017年国民経済・社会発展統計公報」より筆者算出。

表7-1　コンテナ貨物取扱量の世界トップ10港湾（2016年，2017年）

| 順位 | 2016年 | | 2017年 | |
|---|---|---|---|---|
| | 港 | 取扱量（TEU） | 港 | 取扱量（TEU） |
| 1 | 上海 | 37,133,000 | 上海 | 40,230,000 |
| 2 | シンガポール | 30,904,000 | シンガポール | 33,670,000 |
| 3 | 深圳 | 23,979,000 | 深圳 | 25,210,000 |
| 4 | 寧波−舟山 | 21,560,000 | 寧波−舟山 | 24,610,000 |
| 5 | 釜山 | 19,850,000 | 釜山 | 21,400,000 |
| 6 | 香港 | 19,813,000 | 香港 | 20,760,000 |
| 7 | 広州 | 18,858,000 | 広州 | 20,370,000 |
| 8 | 青島 | 18,010,000 | 青島 | 18,260,000 |
| 9 | ドバイ | 14,772,000 | ドバイ | 15,440,000 |
| 10 | 天津 | 14,490,000 | 天津 | 15,210,000 |

（出所）UNCTAD［2018］，p.28より作成。

油が急速に増える可能性は低く，その一方でコンテナは引き続き増加していくことが見込まれる。これから先の伸びしろが期待できそうな取扱貨物としては，輸出においてアフリカ，アジア地域向けの輸出用の大型港湾施設，建材など，輸入ではLNG，完成自動車，肉類，乳製品などが挙げられる[11]。

　ここでは，海上コンテナ貨物に絞って荷動きの動向を追ってみることにしたい。世界全体のコンテナ貨物取扱量は，2000年の時点で7000万TEUだったが，2016年には1億9600万TEUに拡大している（日本郵船調査グループ編2017，p.4）。そして世界コンテナ輸送において中国が重要な位置を占めていることは，世界各国の港における取扱量ランキングから見て取れる。

　表7-1に示されたように，2017年の世界の主要港におけるコンテナ取扱量ランキングの首位を占めているのは，上海（4023万TEU）である。そして第2位がシンガポール（3367万TEU）で，第3位と第4位は深圳（2521万TEU），寧波・舟山（2461万TEU）となっており，世界トップ10港湾のうち中国が実に7つの港を占め，世界の主要港湾ランキングをほぼ寡占する状態にある。

---

11）交通運輸部規画研究院へのヒアリングによる（2016年3月21日に実施）。

図7-3 世界の国別保有船腹量

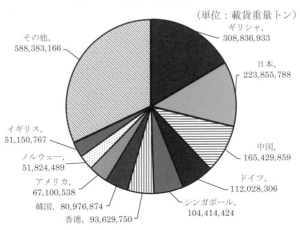

(出所) UNCTAD [2017], p.28より作成。

## 3.2 中国商船隊と「国貨国運」の可能性

　中国海運業の中核を担っているのは，国有海運大手企業を中心とした中国商船隊（外国傭船を含む）である。商船とは，海上運送事業に用いられ，人や貨物を運ぶ船舶のことを指す。具体的には客船，貨客船，貨物船（コンテナ船等），タンカーなどが含まれている。

　2017年9月時点で，中国商船隊の実質所有船は5206隻に達し，年々増加の一途をたどっている。その船腹量は1億6543万載貨重量トンで，世界全体の9.1％のシェアを占めている。このうち，中国の船会社が保有する中国籍船と海外子会社が保有する外国籍船（便宜置籍船[12]）は，それぞれ全体の46％，54％を占めている。中国実質所有船の船腹量は世界的に見て，世界首位のギリシャ（16.7％），第2位の日本（12.1％）に次いで，世界3番目の規模に相当する（図7-3）。しかし，世界一のモノ貿易国になった中国では，貿易拡大で潤う中国海運業界の国

---

[12) 便宜置籍船（FOC船）の場合，オーナー（実質の船主）はパナマ，リベリアなどの便宜置籍国に実体のない会社（ペーパーカンパニー）を設立して，その会社が船を所有している。そして別に手配した船舶管理会社が維持管理と配乗を行い，オペレーターが傭船して運航するのが一般的である。

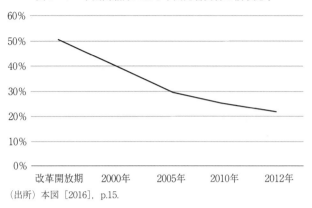

図7-4 中国商船隊による中国発着貨物の積取比率

(出所) 本図 [2016], p.15.

際競争力が決して高いとは言えない。むしろ,「規模は大きいが競争力はない」という評価が定着している。

中国海運業の国際競争力の弱さについて,中国商船隊による積取比率[13]が低下したことがその要因の一つとして挙げられている。たとえば,中国〜米国航路においては,中国発着の海上荷動きは2001年から2015年にかけて約3倍に急増したにもかかわらず,当時の中国国有2大海運大手である「中国遠洋運輸集団(COSCO)」と「中国海運集団(CHINA SHIPPING)」のシェアは13〜15%の水準にとどまったことからも見て取れる(本図 2016, p.15)。

そして,中国商船隊による中国発着貨物の積取比率は,図7-4に示したように,産業保護を受けていた改革開放前においては49%だったが,1996年以降の市場競争に晒された結果,その後は減少の一途をたどって2012年時点で約20%まで下落している。

2016年3月22日に筆者が実施したCOSCO研究発展中心へのヒアリング調査結果によれば,2015年時点でも中国船隊の近代化が進まず,中国商船隊による中国発着貨物の積取比率は全体の4分の1程度にとどまっているという。つまり,中

---

13) 積取比率とは,一国の自国籍船ならびにこれに外国用船を加えた自国商船隊の自国貿易貨物に対する輸送割合を示すものである。一国の貿易貨物の輸送における外国船への依存度を表す数値でもある。

国商船隊は改革開放以降の急速な貿易拡大に追い付いていけず，荷動き増加の恩恵を受けることが殆どできなかったと言える。その背景には，中国商船隊の大半を占めている国有海運企業に残されていた過剰人員や，老朽船舶の廃棄処分による負担などの従来の課題に加えて，船舶金融の未発達による資金調達難などの理由もあると言われている。

さらに，もう一つの理由として荷主側の都合も挙げられる。中国では，一般的に輸出においてはFOB契約，輸入においてはCIF契約にかかわる海上輸送の決定権を貿易相手側に委ねる商習慣があり，すなわち荷主側の意向で商船隊が決まるという。したがって，石油や食糧，鉱石などの海上輸送の大半は，輸出国指定の外国商船隊に委ねられており，中国商船隊はこれら貨物の海上運送契約を得ることが極めて困難である。とりわけ，国際トランジット貨物輸送，長距離国際貨物輸送において中国商船隊の市場シェアが低い[14]。

### 3.3　海運業界の再編・統合

これまで見てきたような海運業の課題に対応していくために，中国政府は2014年9月に「海運業の健全な発展の促進に関する若干の意見」（国発［2014］32号，以下「意見」）を発表し，その中で海運業の健全な発展の促進，「海運強国」建設の推進を謳い，国家レベルで初めて海運発展戦略を策定した。「意見」では，中国商船隊の構造の最適化，世界における港湾整備や航路網の拡充，海運企業の発展など，2020年までに海運業の国際競争力を強化するという目標を掲げている。また，「第13次5カ年規画（2016～2020年）」期間中の目標として，「国貨国運」（中国の貨物は中国の船隊で運ぶ）という方針も提唱された。さらに，同年10月には中国交通運輸部が「『海運業の健全な発展の促進に関する国務院意見』実施方案」（交水発［2014］208号）を発表し，海運業の改革開放や国有海運企業の再編，老朽船舶の廃棄処分の加速，船社と荷主との長期運輸契約の推進，財政・税制面での政策支援などの施策をまとめた。

中国政府主導で海運国有企業の「官製再編・統合」が進められた結果，2016年2月に海運業界首位のCOSCOと同2位のCHINA SHIPPINGの経営統合が実現し，中国遠洋海運集団（COSCOCS）が正式に発足した。これは，中国国有2大

---

14）国家発展改革委員会総合運輸研究所へのヒアリングによる（2016年3月22日に実施）。

海運大手を統合して効率的に運行することによって海外商船隊に対抗できる国際競争力のある海運企業を育成するための戦略である。2018年7月時点で，COSCOCSの実質所有船は世界1位（1188隻），船腹量も同1位（9177万載貨重量トン）で，船隊規模では世界最大規模を誇っている。このうち，ドライバルク船が隻数で同1位（418隻），液体タンカーが載貨重量トン数換算で同1位（2381万載貨重量トン），コンテナ船がTEU換算で同3位（221万TEU）となっている[15]。

　また，2017年4月には，国有資産監督管理委員会が所有する海運・港湾・金融・不動産大手などを手掛ける「招商局集団（CMG）」が，総合物流大手国有企業の「中国外運長航集団（SINOTRANS&CSC）」を完全子会社化し，中国第2位の規模の船隊を運航する複合企業となった[16]。

　こうした官製再編・統合には，国内競争による消耗戦を避け，「オール中国」として海外に打って出る狙いがある。再編・統合後は，グローバル規模の海運企業がCOSCOCSとCMGという2大グループのみ残ることになる。「競争力のない大手海運同士はたとえ統合し，船隊規模が大きくなったとしても直ちに国際競争力の向上につながる保証はない」[17]という懸念は確かにあるものの，表7-2に示したように，世界海運業における目まぐるしいアライアンス[18]再編が行われた結果，COSCOCSが属する「Ocean Alliance」はほかのアライアンスに比べて欧州と北米航路の船腹量シェアが大きいことから，中長期的には中国商船隊の海上輸送網の拡充による国際競争力の向上が期待できる。

### 3.4　海外港湾事業への積極的な進出

　中国の海運各社は，「21世紀海上シルクロード」沿線国のハブ港湾を中心に，急速に港湾の建設，権益の取得を進めている。2016年4月，COSCOが地中海の

---

15）中国遠洋海運集団のホームページ（http://www.coscocs.com/col/col6858/index.html，2018年9月15日アクセス）。

16）招商局集団のホームページ（http://www.cmhk.com/main/a/2015/k07/a199_201.shtml，2018年9月15日アクセス）。

17）交通運輸部規画研究院へのヒアリングによる（2016年3月21日に実施）。

18）海運のアライアンス（Alliance）とは，国際的な海運企業間の提携を意味し，実施的な寄港頻度の増加，コンテナ船の大型化による運賃の低減，幹線航路の効率的な運航，コンテナハブ港からのフィーダー航路へのスムーズな接続などを目的としたものである。

第 7 章　海上シルクロード―「海運強国」は実現可能か？

表7-2　海運アライアンスの概要（2017年6月時点）

| アライアンス<br>（Alliance） | オペレーター<br>（運航業者） | 欧州航路<br>船腹量シェア | 北米航路<br>船腹量シェア |
|---|---|---|---|
| 2 M | Maersk（デンマーク）<br>MSC（スイス） | 39％ | 23％ |
| Ocean Alliance | CMA CGM（フランス）<br>COSCOCS（中国）<br>OOCL（香港）※注1<br>Evergreen（台湾） | 35％ | 41％ |
| The Alliance | Ocean Network Express（日本）※注2<br>Hapag-Lloyd（ドイツ）<br>Yang Ming（台湾） | 25％ | 27％ |

（注1）2017年7月にCOSCOCSと上海国際港務集団（SIPG）が2社共同で，OOCLを所有する OOIL を買収すると発表があった。
（注2）2017年7月に日本の川崎汽船，商船三井，日本郵船の3社が設立し，2018年4月1日から定期コンテナ船ネットワークの運営を開始した。
（出所）日本郵船調査グループ編［2017］，p.48より作成。

要衝であるギリシャ最大のピレウス港について，運営する港湾公社の株式67％を3億6850万ユーロで取得する契約を締結した。ピレウス港は東欧諸国への玄関口であり，中国にとっては欧州貿易での中継拠点となる。さらに同年5月には，COSCOCS 傘下の COSCO Pacific が欧州最大の港であるロッテルダム港の埠頭管理会社「Euromax Terminal Rotterdam B.V.」の株式35％を総額1億2500万ユーロで取得した[19]。

　このほか，CMG によるラゴス港（ナイジェリア），コロンボ港（スリランカ），ロメ港（トーゴ），ジブチ港（ジブチ）への港湾投資，そして中国港湾工程（CHEC）によるグワダル港（パキスタン）の運営権取得，中国建築工程総公司（CSCEC）・CHEC によるシェルシェル港（アルジェリア）の整備・運営への参画，中国政府からの資金援助によるハンバントタ港（スリランカ），バガモヨ港（タンザニア）の港湾整備事業の受注など，中国政府と海運企業はタッグを組んで「海運強国」を目指し，海外港湾事業を積極的に展開している（本図 2016,

---

19) 中国遠洋海運集団のホームページ（http://www.coscocs.com/art/2016/4/8/art_6864_47310.html, http://www.coscocs.com/art/2016/5/11/art_6864_48218.html, 2018年9月15日アクセス）。なお，2016年7月，COSCO Pacific は「中遠海運港口有限公司（COSCO SHIP PORT）」に社名を変更した。

p.15)。

このように，ピレウス港やロッテルダム港を足掛かりに，欧州やアフリカ，南アジアへの進出を加速し，21世紀海上シルクロードにおける重要な国際海運拠点とする目論見である[20]。しかし，中国と欧州をノンストップで結ぶ「中欧班列」と同様に，ここで留意すべき重要なポイントは，海上航路の拡大，寄港数の増加に伴う持続可能な物流ニーズ（貨物需要）有無の問題である。中長期的にはハード・ソフト両面での海上輸送インフラの改善に加え，海上シルクロードの沿線国に産業発展がなければ，グローバルバリューチェーンを支える海上輸送網の構築・維持が困難であろう。したがって，今後も短期的な動向を見るだけではなく，中国海運業の海外事業展開が経済的な合理性・持続性が中長期にわたって確保されているかといった面に目を向けていくべきである。

## 4 おわりに

本章では，「一帯一路」の展開の特徴とその注意点，さらに海運業界の動向およびその課題の視点から，中国の海洋権益の拡大の展開をあぶり出してきた。ここまで見てきたように，グローバルな広がりおよびスケールの大きさを見る限り，国家によって主導されるプラットフォームとしての「一帯一路」は全面展開の新しい段階に入ったと言える。また，「陸上」および「海上」に国際物流網を張り巡らせ，壮大な構想を担っている6つの経済回廊が推進されることで，「一帯一路」の沿線国・地域においては，鉄道や道路，港湾整備などのインフラ投資を中心に経済連携の機運も高まっている。

さらに，これまで「大陸国家」を標榜してきた中国だが，昨今は「海洋国家」としての一面も強化しようとしている。伝統的な安全保障の観点だけでなく，貿易・投資の拡大，長期的な経済成長の安定維持のためにも，「21世紀海上シルクロード」の下で海外港湾事業を強化し制海権を握ろうとしているように見える。その一方で，海上輸送の取扱貨物量はこれから大幅な増加が見込めず，「量」よ

---

20) 2019年3月，イタリアを訪問した中国の習近平国家主席はコンテ首相と会談し，イタリア北部の重要港湾として位置付けられているトリエステ港とジェノバ港の整備で協力していくことを合意した。

り「質」が重視される時代になってきている。

2014年以降,「一帯一路」の進展の下で,中国政府は長期的に時間をかけて海運業強化の政策を着実に推進してきた。しかしながら,国際競争力の視点から鑑みると,中国商船隊の競争力強化には依然として多くの課題が残っているのは事実である。「国貨国運」という目標は短期的での実現が困難であり,「海運強国」への道は依然遠いと言わざるを得ない。したがって,今後も中国は積極的に海運業の国際競争力強化に取り組むと予想される。

では,そのような隣の経済大国・中国が推進する「一帯一路」と,日本はどう向き合っていくべきなのか。「一帯一路」をめぐる日本との経済連携の課題をまとめれば,次のようになろう。

第1に,歴史的・多角的な視点に立って「一帯一路」の輪郭を浮き彫りにし,経済的な合理性・持続性を見極めることが重要となる。その際,沿線国・地域は今後どのような影響を受け,中国を含む各関係国の港湾・交通戦略がどのように変容しているかを究明していくことが大切である。

第2に,各関係国との官民関係者の調整,推進体制の構築,必要な人材育成体系の整備など,中長期的な戦略を策定することは大事である。とりわけ,民間企業に任せたままでは実現しない便益を実現させるための地域協力の枠組み作りへ積極的に関与していくことは政府の役割であろう。

第3に,中長期的な戦略のもと,日本は「一帯一路」に関わる貿易・投資円滑化,物流分野の協力を通じてアジア地域等での多国間協力の共同利益を得ることが期待できる。そのためには,中国と周辺国との国境地帯のインフラ整備と物流サービスの改善状況および中国海運業の特徴とその変容過程を考察し,適時・適切な協力ができるような準備を進めることが必要となる。

【追記】本章は,JSPS 科研費(課題番号 JP16K01972「中ロ国境地域経済の変容に伴う越境輸送高度化と北東アジアへの含意」)による研究成果の一部である。


## 参考文献
### 日本語文献
池田良穂［2017］『基礎から学ぶ海運と港湾』海文堂
江原規由［2015］「21世紀海上シルクロード建設の意義とアジア太平洋地域の共同発展」

『国際貿易と投資』No.99, pp.51-60

王義桅（川村明美訳）［2017］『「一帯一路」詳説―習近平主席が提唱する新しい経済圏構想』日本僑報社

日通総合研究所編［2008］『実務担当者のための最新中国物流』大成出版社

日本海事広報協会編［2018］『日本の海運 SHINPPING NOW 2018-2019』

日本郵船調査グループ編［2017］『世界のコンテナ輸送と就航状況 2017年版』日本海運集会所

本図宏子［2016］「『一帯一路構想』下における中国海運業の動向―『海運強国』に向けた政策・企業動向」『運輸政策研究』Vol.19 No.3, pp.14-22

町田一兵［2014］「中国内陸発中央アジア・ロシアへの鉄道輸送路」『ロシア NIS 調査月報』2014年 7 月号, pp.46-57

松田琢磨［2015］「東アジアのコンテナ港湾におけるトランシップ」『運輸と経済』Vol. 75 No.8, pp.11-17

三杉隆敏［2006］『海のシルクロードを調べる事典』芙蓉書房出版


**中国語文献**

葛春鳳［2016］「"一帯一路"戦略背景下海運業発展支持政策研究」『港口経済』2016年第10期, pp.16-20

何茂春・田斌［2016］「"一帯一路"的先行先試―加快中蒙俄経済走廊建設」『国際貿易』2016年第12期, pp.59-63

焦知岳・景陽諾［2018］「中欧班列運輸存在的高成本問題及原因分析」『対外経貿実務』2018年第 7 期, pp.28-31


**英語文献**

ARAI, Hirofumi, ZHU Yonghao and LI Jinbo［2015］Toward Expanding Japan-Russia-China Multimodal Transportation, *ERINA REPORT*, No.125, pp.1-19

Miller, Tom［2017］*China's Asian Dream: Empire Building Along the New Silk Road*, University of Chicago Press.（ミラー, 田口未和訳［2018］『中国の「一帯一路」構想の真相』原書房）

UNCTAD［2017］*Review of Maritime Transport 2017*, United Nations publication.

UNCTAD［2018］*Review of Maritime Transport 2018*, United Nations publication.

# ■終章■ 政策評価―「一帯一路」は プラットフォームになりえるのか？

## 岡本信広

### 1　はじめに

　本書は，中国の新たな海外進出構想として見られがちな「一帯一路」戦略を，中国国内への影響という側面から共同研究を行ってきた成果である。「一帯一路」について新聞・雑誌等の報道，インターネット上で展開される多数の評論があるが，ほとんどがいたずらに中国の国際影響力の強化といった側面やそれにつながる安全保障上の問題に終始している。この中で本書は「一帯一路」の新たな側面を明らかにするよう努めた。

　本書のきっかけは編者の一人である穆［2016］の研究成果である。彼は過去の地域開発戦略や世界銀行の研究成果を使いながら「一帯一路」の中身を詳細に検討し以下のように定義づけた。

　「一帯一路」は…①実効性を持つ初めての全国対象の地域戦略であること，②特定地域に対する特別支援政策ではなく，経済先進地域の沿海部と後進地域の内陸部を繋げて，地域間のアクセスを利便化する政策であること，③政府による直接支援ではなく，経済要素の自由な移動と効率的な配置を目指し，市場の力が発揮しやすい環境整備に重点を置く発展戦略である（穆 2016「むすびにかえて」）。

　この定義にしたがって本書では，「一帯一路」を国内の地域開発戦略のプラットフォームとして定義しなおし（序章を参照），各執筆者の専門を生かしつつ「一帯一路」の国内経済への影響を議論してきた。本書を締めくくるにあたって，本書のテーマである「一帯一路」の国内的な側面を再度検討してみたい。

161

## 2 先行研究からみる「一帯一路」の評価

「一帯一路」を国内の地域開発戦略として詳細に検討したものは日本国内では穆［2016］が初めてであるが，佐野［2017a，2017b］も中国国内の地域開発的側面に注目してきた。佐野の「一帯一路」の評価は第13次五カ年規画（2016-2020）を利用しつつ，「一帯一路は①対外経済関係の強化，②国内の地域振興，の2つの分野におけるけん引役と位置付けられ」，「一帯一路を重要な国家戦略の一つと位置付けるとともに，対外経済関係の進展と国内経済の持続的発展を連動させたい習近平政権の決意」だとしている（佐野 2017a）。

中国では上海師範大学の趙［2017］が「一帯一路は中国中西部諸省と沿海発展地域を覆い，中国の西側に向けた開放を通じて，中西部の発展歩調を速め，東部と中西部の連動した発展を実現するものである。またこれは中国が対外経済協力と国内改革の深化に有利であり，開放政策と緊密に融合している。このため，これは我が国の全方位開放型経済体制の新たな展開である」としている。

以上のように，「一帯一路」が国内地域振興を意図しつつ，対外開放政策をさらに推し進める側面があることは疑いない。

一方，「一帯一路」に中国の安全保障上の意図を推し量ろうとする研究も少なくない。実際，青山［2018］は「一帯一路」を中国の外交戦略としてとらえ，「第一に，インフラ建設を通して中国の余剰生産能力を輸出したい。第二に，中国国内の東西格差を解消したい。第三に，中国の政治・軍事的影響力を拡大させる狙いがあり，この点が特に世界各国で心配されている」と指摘し，第三点を強調している。ミラー［2018］は「一帯一路」をインフラ外交ととらえて中国の積極的な外交戦略は習近平の「名声を後世に残すために考案された政策」（p.16）であると指摘している。この外交は南シナ海を除いて「領土拡大の軍事的意図の証拠はほとんどない」（p.22）にもかかわらず，世界が中国の影響力の拡大を憂うのは「アメリカ主導の秩序を中国主導の秩序に切り替えることが有利な取引になると，パートナーとなる周辺諸国を説得するのが難しい」（p.24）状況を示している，という。

このように，日本を含めた諸外国は「一帯一路」を外交や安全保障面で見ることが多いが，本書はそれらと一線を画し，純粋に経済政策論として「一帯一路」を分析してきた。

終章　政策評価─「一帯一路」はプラットフォームになりえるのか？

## 3　新型三線建設？

　経済政策として「一帯一路」を見た場合，本書では序章でも述べたように「一帯一路」を国内経済政策のプラットフォームとして捉えた。とはいえ，安全保障上の意図を斟酌した場合，中国の「一帯一路」は対外開放によって周辺諸国との関係を良好に保ち，中西部地域を中心とした国内地域の振興を目指す対外開放・国内経済改革の経済政策プラットフォームと位置付けつつも，安全保障上の要求を満たすという側面も含めた「プラットフォーム」として考察する必要があろう。

　こうみてくると筆者の頭に浮かんでくるのは計画経済時代に実施された「三線建設」（1964年〜1980年[1]）である。三線建設とは，国防を目的に内陸部に重工業を配置する戦略である。その発想の起源は第一次五カ年計画（1953〜57年）にさかのぼる（丸川 1993）。沿海地域と東北地域に偏っていた産業立地を改善することによって，内陸部の工業発展と沿海地域に工業が偏在していることに対する国家の脆弱性を克服するという目的があった。アメリカの脅威から西南地域を中心に，鉄道，鉄鋼（攀枝花がその代表）から石油・石炭，機械工業，軍事工業などを備えた三線地域の工業基地建設を目指した。

　最終的に三線建設は大きな犠牲を払った。丸川［1993］は，経済的評価として中国の内陸開発を飛躍的に前進させたことを認めつつ，投資効率の低さや機会費用の高さ及び地域間格差の拡大から「社会経済的な効果のない「改善」」であったとしている。国防的評価にしても，三線建設工場の低い稼働率から「戦略後方」としての役割を果たしていなかったのではないか，と評する。そして，このような国防的にも経済的にも不合理な戦略が展開された理由として，①経済的合理性が欠けた毛沢東と林彪の発想，②強い政治的な動機，③国防を理由にすればプロジェクトがスタートできる状況を作り出していたこと，を指摘しているのである（丸川 1993）。

　「一帯一路」においてもこの構想が無駄な支出の言い訳に使われる可能性がある。ミラー［2018］p.57の政府関係者インタビューによると，この構想に懐疑的な見方を持つ政府関係者は大躍進政策の時代を思い出す，と答えたという。大躍進政策も三線建設と同じく経済合理性を無視した政治的な野心にもとづく急速な

---

1）三線建設の終結年については諸説あるが，ここでは丸川［1993］によっている。

表1　海外直接投資全体の動向と「一帯一路」関連国への投資

（単位：億米ドル）

| | 2014 | 2015 | 2016 | 2017 |
|---|---|---|---|---|
| 直接投資合計（フロー） | 1231.2 | 1456.7 | 1961.5 | 1582.9 |
| うち「一帯一路」関連国 | 136.6 | 189 | 153.4 | 201.7 |
| 占める割合 | 11.1% | 13.0% | 7.8% | 12.7% |

（注）一帯一路関連国は，若干の変動があるが中国政府が定義する沿線60
数カ国。
（出所）中国商務部『中国対外直接投資統計公報』等から作成。

キャッチアップ政策である。

　もちろん三線建設を「一帯一路」と同じようなプラットフォームととらえるの
には無理がある。三線建設は政府の指令経済の下で実行され，強制力の強いもの
であり，かなり安全保障面に力点が置かれる一方，「一帯一路」は市場経済化の
下で安全保障の意図はありつつも，経済政策を実行するための土台になっている
という違いがある。それでも「一帯一路」を経済政策論として論じるにあたって
は，経済効率という面での効果検証は必要であろう。


## 4　「一帯一路」関連投資の拡大

　さて，「一帯一路」の経済効果を考えるにあたって，海外での投資効果を簡単
に見てみよう。「一帯一路」関連投資の動向を見てみると，中国の海外直接投資
の中に占める割合は極端に大きいわけではない。2017年の対外直接投資統計によ
ると，金融を含む中国の対外投資は統計開始以来初めて減少した（表1）。この
原因は，①中国企業による買収の審査を厳しくした米国向けが前年の3分の1に
減少したこと，②中国政府が中国企業による海外の不動産や娯楽業への投資を制
限したこと，であるという（『日本経済新聞』2018年10月4日）。

　その減少を補うかのように「一帯一路」関連国向け投資は過去最大になってい
る。それでも全体に占める比率は2015年より大きいわけではない。国別では，シ
ンガポール，カザフスタン，マレーシア，インドネシア等であり，業種別ではや
はり港湾，鉄道，道路などのインフラ投資が大きい。

　表2は日経新聞の報道からまとめてみた「一帯一路」関連の海外直接投資の事
例である。この事例からみられるようにインフラ関連投資がメインになっている

終章　政策評価―「一帯一路」はプラットフォームになりえるのか？

### 表2　「一帯一路」関連投資の事例

| 中央アジア | カザフスタン・ホルゴス（国境の街） | 連雲港からの貨物がウズベキスタンに向かう。中国はコンテナ1個につき1000ドルの補助金をつける。 |
|---|---|---|
| 東南アジア | カンボジア・首都プノンペン郊外 | 「カンボジア中国友好シティ」の中核施設としてスタジアムが完成。住宅，商業施設，ゴルフ場，サファリパークが中国の負担で建設される予定。 |
| | ラオス・ルアンプランバン（北部） | 雲南省昆明とラオスの首都ビエンチャンを結ぶ高速鉄道の建設。総工費60億ドルはラオスのGDPの約半分に。中国が7割を負担予定。 |
| | マレーシア | タイ国境付近からクアラルンプール郊外のクラン港に至る総距離約690キロメートルの東海岸鉄道計画。 |
| 南アジア | モーリシャス・首都モーリシャス郊外 | 山西省政府傘下の投資会社が中心となった都市開発「ジンフェイ（晋非）スマートシティー」によるリゾート施設開発。 |
| | スリランカ・ハンバントタ港 | スリランカ政府が返済に行き詰まり，港の運営権を99年にわたり中国に譲渡。 |
| | モルディブ | 国際空港がある島と首都マレ島を結ぶ全長約2キロメートルの橋が年内に完成予定。 |
| 中東 | オマーン・港湾都市ドゥクム | 2016年に107億ドルを投じて工業団地の建設計画（AIIBが3億ドル融資）。財政赤字が続き，中国の国有企業から借り入れ。 |
| 欧州 | セルビア・首都ベオグラード郊外 | ベオグラード－ブダペスト高速鉄道の起工式（随意契約であったためEUの競争入札方式の採用をめぐってトラブル）。 |
| | ギリシャ・ピレウス港 | 中国遠洋海運集団（コスコ・グループ）が2016年に港を買収。 |

(出所)『日本経済新聞』[2018a] の特集から筆者整理。

ことがわかる。そして投資においては投資先とのトラブルも少なくない。

　有名なトラブルは，小国を中心とする「債務のわな」である（日本経済新聞2018b）。インフラ整備資金の調達に悩む途上国にとって「一帯一路」は歓迎されている。しかし，中国の投資規模が巨額で大半を投資で手当てするために「小国を借金漬けにした」との批判があるのも事実である。スリランカのハンバントタ港の運営権の中国への譲渡（表2）は日本でも多く報道された有名な事例である。ラオス，モンゴル，タジキスタンはすでにGDP比の投資残高が2割を超えているという。

　このような気前のいい融資が続くのはなぜか。そこには中国政府の「一帯一

路」という政策自体が融資保証になっている模様である。中国国有建設大手の関係者は，「中国政府からは中国の資金を全体の80％以下に抑える指標があるが，小国は15％分の資金も出せない。結果的にすべて中国側が資金を出さざるを得ない。建設資金の回収に懸念はあるが，中国政府が返済を保証する案件は企業にとってリスクが低い」という（日本経済新聞 2018b）。

このようにトラブルは経済合理性に疑問があってもプロジェクトが実施されるということに原因がある。想像でしかないが，「一帯一路」が企業などの経済主体に対して経済性よりも三線建設のような政治的動機を強めている可能性がある。

## 5　本書のまとめ

海外の直接投資のみならず，本書の大きなテーマである国内投資においても，「一帯一路」が経済的合理性に疑問を投げかける現象が少なからずある。

まず，第1章では政府の中心的な役割が議論されている。「中央政府が最も重要視している政策課題，都市群，新区，自由貿易区・港，専門分野施策の5領域に分けられ，それぞれ地域経済一体化に深くかかわって」おり，「中国国内から見ると，「一帯一路」は独立した戦略ではなく，中国全体の地域政策の流れに位置している」と主張する。すなわち，「一帯一路」はやはり政府主導の地域開発政策であるととらえられる。

確かに中央政府は地域開発のイニシアティブをとるが，この地域開発政策を実施するには地方政府も極めて重要な役割を果たしている。中国は世界第1位の人口と第2位の面積を持つ大国であり，そのため地域間格差は大きい。安定的かつ持続的な地域開発を進めるうえで，中央政府の財政配分は地域間格差の大きい各省の政策実施の財源確保に大きな役割を果たす。第2章では，地域間財政格差をどのように解決してきたかが議論されてきたが，政府間財政調整機能は近年弱体化傾向が見られているが，バランスの取れた地域開発を行うために，それに応じた税制改革が必要であると主張している。

第3章では，インフラ整備の地域的進展を検討した。第1章でも述べたように，地域開発としての「一帯一路」以前から，西部地域への投資が進んでいることが確認されている。インフラという観点からすると，経済的な合理性はさておき，東中西部の格差は少なくなっているのも事実であり，経済一体化に貢献している

終章　政策評価―「一帯一路」はプラットフォームになりえるのか？

といえよう。

　マクロ的には貧しい西部地域のインフラ建設が進む一方で，遅れている農村地域には大きな影響はでていないようである。「一帯一路」の進展によって，海外投資が進み，国内投資のクラウンディングアウトが起こるというような現象は観察されていない（第4章）。少なくとも貧しい農村地域が経済一体化に遅れているということはなく，経済合理性を脇においても，国内における「一帯一路」政策は多少なりとも貢献が見られるといえるのかもしれない。

　ただ，経済合理性の観点からみると，必ずしも「一帯一路」の地域政策的側面がうまく機能するとは言えそうにないかもしれない。インフラ建設，「一帯一路」で注目される物流面，とくに国内における鉄道（第5章）と港湾や海運（第6章，第7章）を分析してみると，鉄道においては旅客輸送において大きな経済的波及効果があるが物流面では小さい（第5章）。海運業でも「借港出海」の施策として海運ルートが開発されてきても輸送需要がないこと（第6章），国有企業の効率に疑問が残ること（第7章）が示されている。経済合理性に疑問を呈することが示唆されているのである。

　以上，本書の研究から敷衍すると，「一帯一路」という地域開発戦略は，政府主導であるために，経済的な合理性に疑問があり，また農村，鉄道，港湾においても大きな影響があるわけではなさそうである。それに加えて，海運の事例（第7章）でもみたように，国有企業を再編しながらもその競争力は海外に比べても低い。


## 6　おわりにかえて

　ここでは，「一帯一路」が経済的な効率性を無視したプロジェクトのかたまりに陥ってしまうことを「一帯一路のわな」と呼ぶ。海外の事例でもみたように「一帯一路」の一部のプロジェクトや本書の分析でも明らかになったように国内への波及効果等において，「一帯一路」には経済合理性に疑問符がつくプロジェクトがある。

　本書は「一帯一路」を経済政策のプラットフォームとしてとらえてきた。しかしながら，「一帯一路」が経済政策の寄せ集め，あるいは三線建設のような失策に陥らないようにするためには以下の事実を考慮しなければならないだろう。す

なわち,

「一帯一路」は国際的にも国内的にも政府主導で実施されており,そしてその
錦の旗で海外では融資が進み,国内では内陸部で大規模なインフラ開発が進ん
でいる。

という事実である。

政府主導の下で市場経済化を進める経済改革はいわゆる「中国モデル」の核心
部分である。しかし,習近平政権以降,政府の力がかなり強くなってきている。
この政府主導の力が強まれば強まるほど,経済合理性よりも政治的利益の拡大に
つながりかねない。結果,社会経済的な効果のない地域経済戦略という「わな」
にはまる可能性も高まる。

経済における政府のふるまいが前面に出てくることを懸念する声もある。北京
大学の張維迎は国家資本主義を助長しかねない「中国モデル」にメリットはない
と指摘し(SCMP 2018a),経済改革を強く支持する呉敬璉は,市場経済化の歩
みが遅くなっていると警鐘を鳴らしている(SCMP 2018b)。

三線建設が国防を目的に行われた内陸開発とするならば,これまで議論してき
たように「一帯一路」は国防を前面に押し出すことなく対外開放の推進を旗印に
実施される内陸開発とみなすことが可能だ。三線建設が「社会経済的な効果のな
い「改善」」(丸川 1993)であったのに対し,今回の中国の全地域を対象とする
「一帯一路」政策という地域開発戦略が同じような「わな」に陥らないようにし
なければならない。そのためには「一帯一路」が政治的な動機につながらない,
真の経済政策のプラットフォームになる必要があろう。

「一帯一路」経済政策が本当のプラットフォームになるためには,経済主体が
経済合理性を基準に投資活動を行う土台とならなければならない。「一帯一路」
の地域開発戦略が三線建設と同じような「わな」に陥らないためには,市場経済
改革を進めつつ,経済合理性を重んじる民間の自由な経済活動を認めた地域開発
戦略へと誘導することが必要であろう。

**参考文献**

青山瑠妙［2018］「中国外交の世界戦略――一帯一路構想と対北朝鮮政策を軸に――」『政策
　オピニオン』一般社団法人平和政策研究所2018年 5 月 8 日(https://ippjapan.org/
　archives/2690)

佐野淳也［2017a］「一帯一路の進展で変わる中国と沿線諸国との経済関係」『JRIレビュー』Vol.4, No.43, 2017年3月（日本総合研究所）
（https://www.jri.co.jp/MediaLibrary/file/report/jrireview/pdf/9832.pdf）

―――［2017b］「地域振興策としての一帯一路」国際貿易投資研究所（ITI）『中国の第13次5カ年計画と一帯一路戦略を中心とする対外発展戦略の国際経済への影響』ITI調査研究シリーズNo.44, 2017年2月（http://www.iti.or.jp/report_44.pdf）

丸川知雄［1993］「中国の「三線建設」(I) (II)」『アジア経済』Vol.34, No.2, 61-80, No. 3, 76-88

穆尭芊［2016］「中国の地域発展戦略から見る『一帯一路』」『北東アジア地域研究』No. 22, 18-31

ミラー, トム［2018］『中国の「一帯一路」の真相』原書房

## 新聞記事

日本経済新聞［2018b］「中国「一帯一路」に2.2兆円」（2018年10月4日）

日本経済新聞［2018a］「紅い経済圏」（2018年7月24日～27日）

South China Morning Post（SCMP）［2018a］"Economist Zhang Weiying slams 'China model' that 'inevitably leads to confrontation with the West'", October 26th, 2018

South China Morning Post（SCMP）［2018b］"Beijing must show courage to fulfil its market promises, says China's economic reform guru", November 19th, 2018

趙紅軍［2017］「"一帯一路"対中国区域経済発展的机遇和挑戦」『澎湃新聞』2017年11月16日（http://www.sohu.com/a/204681617_260616, 2018年10月10日アクセス）

## 中国語文献

「推動共建絲綢之路経済帯和21世紀海上絲綢之路的願景与行動」（「一帯一路に関するビジョンとアクション」,（http://www.ndrc.gov.cn/gzdt/201503/t20150328_669091.html, 2018年10月3日アクセス）

中国商務部『中国対外直接投資統計公報』（http://fec.mofcom.gov.cn/article/tjsj/tjgb/, 2018年10月15日アクセス）

# あとがき

　本書は，環日本海経済研究所（ERINA）中国地域経済研究会（世話人：穆尭芋），JSPS 科研費「『一帯一路』における中国国内の地域経済への影響に関する実証研究」（課題番号 JPK02002，代表者：徐一睿），2018年中国経済経営学会全国大会の企画分科会「『一帯一路』は中国地域経済にどのような影響を与えるのか？」（座長：岡本信広）の３つの研究活動に基づいている。本書の執筆者はこれら活動に参加している研究者が中心である。ここでは，これらの研究活動を振り返って，あとがきにかえたい。

　ERINA 中国地域経済研究会は地域開発政策，都市化，地方財政，交通インフラ，越境協力などの様々な側面から中国地域経済の実態を検討するものである。研究会は2014年の冬から広くメンバーを募り，2015年の春に正式に発足した。毎年４回の研究会を開催し，メンバー間で相互発表を行ったほか，これまで上海市・遼寧省・吉林省・安徽省，北海道から講師を招いてセミナーを開催した。研究会は最初から共通の研究課題を設定せず，メンバー同士の発表を通じて緩やかに交流し，自然発生的にテーマを生み出すというものであった。メンバーたちは議論を深めているうちに，中国の国際構想として大きな注目を浴びている「一帯一路」について，中国国内的な意味合いをどう考えればよいか，中国すべての省を巻き込む「一帯一路」が中国の地域経済にどのような影響を与えるかという関心が高まり，これを共通のテーマとして絞り，徐々に研究を進めた。2015年の秋には，徐が代表者となって「『一帯一路』における中国国内の地域経済への影響に関する実証研究」というタイトルで科研費を申請し，2016年の春に採択された。当時は「一帯一路」の中国国内的側面に特化した研究はほとんどなく，科研費の採択は研究会の研究にとって大きな前進となった。

　2016年度，岡本はイギリスへ１年間の在外研究に出発した。ロンドンからインターネットを通じて研究会に参加し，このテーマの研究を続けていた。時差の関係で日本の午後に研究会を開催したが，ロンドンでは早朝となり，家族を起こさないためにイヤホンを付けて，声を抑えながら議論に参加した。また，穆は2018

年秋にアメリカへ在外研究に出発した。本書の原稿確認や細かい調整を行うために，編者同士で頻繁に連絡を取る必要があったが，十数時間の時差の中で，岡本と徐は深夜や早朝を問わず，速やかに対応した。さらに，各メンバーの協力により，研究会はこれまで東京，新潟，神奈川，福島，山梨など様々な地域で開催することができた。本書の研究は，このような献身的な取り組みなしには遂行できなかった。

2018年春，メンバーたちは本の出版に向けて山梨にある専修大学のセミナーハウスに集まった。2日間にわたる合宿研究会を行い，原稿の確認や本の構成を議論した。しかし，書名はなかなか決まらず，メンバー同士の激しい議論が繰り広げられた。なぜなら，「一帯一路」の国内的な意味合いに対して大まかな共通認識を持っているが，それぞれの理解の微妙な違いをうまく融合させ，皆が納得するような言葉でこの研究のテーマ（書名）を表すことが難しかった。議論が行き詰り，会場は沈黙した。だれかがドアを開けて，皆は外に出た。重い雲がかかり，綺麗なはずの富士山は麓さえ見えない。しかし，すこし散歩すると，知らないうちに風が吹いてきて，一瞬ながら富士山の山腹まで見えた。山頂は雲の中のままだが，大まかな輪郭として雄大な姿を見せてくれた。これが大きな気分転換となった。しばらくして部屋に戻ると，奇跡的に皆の研究を結ぶ一つのテーマ（書名）がすぐに決まった。アイデアとの出会いはこういうものか，あれだけ難航していたものが一本の線で結ばれるように決まったのである。

各執筆者の原稿がほぼ完成した段階で，2018年冬に中国経済経営学会全国大会が行われ，岡本が座長となり企画分科会を開催した。メンバーの発表に対して会場の参加者から大変有益な質問やコメントが寄せられた。この場を借りて企画分科会に参加された先生方に感謝したい。このように，本書の誕生は最初から綿密な計画で出来たものではなく，メンバーの情熱と多くの交流を通じて生まれたものである。

最後に，長期にわたりERINA中国地域経済研究会を支援し，本書の出版をあと押ししていただいた河合正弘ERINA代表理事に御礼を申し上げたい。また，いつも原稿の確認や適切なコメントを与えてくれた中村俊彦ERINA企画・広報部長，5年間にわたり研究会の運営や科研費研究を粘り強くサポートをしていただいた新保史恵部長代理に深く感謝を申し上げたい。研究者のわがままに対して事務の面から辛抱強くサポートしていただいた小倉貴子総務部長，吉田亜紀子総

あとがき

務課主任にも大変お世話になった。研究会のメンバーで東京大学社会科学研究所の伊藤亜聖准教授は，中国への在外研究などで本書の執筆に参加されなかったが，研究会発表などを通じて有益な知見を提供していただいたことに深く感謝したい。普段の研究活動を暖かく見守っていただいている先輩や同僚は当然ながら，研究会を通じて中国や日本の地域経済研究者から大きな刺激をいただいた。本書の編集を担当してくださった日本評論社第2編集部の斎藤博氏には大変細かい調整を行っていただき，効率よく対応していただいたことに対して御礼を申し上げたい。冒頭で申し上げたとおり，本研究は徐が代表者として申請した科研費研究（課題番号JP16K02002）の助成を受けたものであり，この場を借りて深く感謝を申し上げたい。


　2019年2月

穆尭芊

# 索　引

## 数

1 時間移動圏内　99
1 次波及効果　107
21 世紀海上シルクロード　1-3, 7, 11,
　12, 26, 51, 73, 143, 144, 147, 151, 156,
　158
2 次波及効果　107
2 つの過剰　12
4 時間移動圏内　99
4 兆元政策　4
7 大経済圏　20

## 欧字

APEC（アジア太平洋経済協力）　15,
　77, 78, 127
ASEAN（東南アジア諸国連合）　1,
　15, 17, 75-78, 82
ASEM（アジア欧州会合）　15, 78
BOO　66
BOT　66, 67
BRICs　2, 14, 63
BTO　66
CHINA SHIPPING　154, 155
CIP　108
CIQ　151
CLB　98
CNKI（中国知網）　51
COSCO　144, 154-157

FTA（自由貿易協定）　76, 82
NPM　66
PFI　66
Platform　5
PPP（公私連携）　41, 52, 64, 66-70
RAS 法　112
RCEP（東アジア地域包括的経済連携協
　定）　76
TSR　149
T 字開発　20
WTO（世界貿易機関）　76, 77, 82

## あ　行

アジアインフラ投資銀行（AIIB）　2,
　7, 11, 14, 17, 26, 51, 63, 73, 77, 78, 82,
　143, 165
アラシャンコウ口岸　98
一般公共予算　32, 33, 40
　──支出　37, 42
一般性移転支払　32, 38
一般補助金　32, 38
インフラ業　56, 58-62, 64, 69
インフラストック　53-55, 64
インフラ整備　2, 6-8, 13, 14, 17, 20,
　23-25, 32, 43, 49, 51, 52, 55, 63, 64,
　68, 69, 79, 80, 118, 126, 130, 135, 137,
　139, 143, 144, 151, 159, 165, 166
インフラ投資　4, 52, 53, 59, 64, 65, 68,
　70, 73, 143, 158, 164
営改増　36, 41, 46

営業税　8, 36, 41, 45-49
越境輸送　7, 9, 138
粤港澳大湾区　2, 4, 8, 22, 23, 25, 26
二連浩特口岸　98
沿海部, 沿海地域　4, 8, 12, 13, 15,
　20-24, 27, 62, 70, 88, 89, 144, 161,
　163

## か　行

海運アライアンス　157
海運業　9, 10, 144, 151, 153-156, 158,
　159, 167
海運強国　10, 144, 155, 157, 159
海外展開　6, 12
外交戦略　162
外需　56, 57
海上シルクロード　17, 135, 143, 158
海上物流　5, 9, 144
介入政策　19, 20, 24, 25
海洋国家　9, 158
家屋税　41
拡張財政政策　32, 57, 65
可処分所得　74, 86, 88, 89
課税標準　44
河南省　7, 9
環日本海経済圏構想　117
企業所得税　31, 35, 36
北朝鮮　9, 117-121, 123, 127, 129, 130,
　132, 136
吉林省　7, 9, 49, 117-124, 128, 129,
　134-140
　──東北亜鉄路集団　128, 135
逆Ｕ字カーブ　81
共通税　31, 33, 36, 41, 44-46
クラウディングアウト　82, 90, 167

京広線　99
経済回廊　78, 136, 144, 147-149, 158
経済規模　19, 20, 23, 24
経済圏　3, 73, 143, 145, 146
経済建設至上主義　62
経済合理性　10, 117, 163, 166-168
京津翼　2, 4, 8, 13, 22, 23, 25, 26
契税　41
原産地原則　8, 36, 45, 48, 49
江海聯運　123, 124
広軌　98, 129, 151
公共圏　66
公私連携（PPP）　41, 52, 64, 66-70
後進地域　5, 7, 8, 12, 20, 23-25, 27, 38,
　70, 161
高速鉄道　97, 98, 100
交通ネットワーク　63
小売売上税　36
効率重視　21, 24
航路開設　132, 134, 136, 139
五カ年計画, 五カ年規画　20, 83, 162,
　163
国際戦略　1, 11, 26, 27, 77, 90
国際複合輸送　150
国内幹線鉄道　98
国民経済業種分類　56
国有資産有償使用収入　40
国有土地使用権譲渡　41, 65
国有土地譲渡金収入　40
黒龍江省　7, 9, 62, 117, 118, 120, 121,
　123-124, 136-140
国連開発計画（UNDP）　120
呉敬璉　168
個人所得税　31, 35, 36
国貨国運　10, 153, 155, 159
国家発展改革委員会　2, 11, 14, 17, 22,

176

23, 51, 67, 77, 78, 144, 147

固定資産投資　8, 52, 55-62, 64, 69, 70

コンテナ　5, 79, 119, 128, 129, 132-136, 139, 149-153, 156, 165

## さ 行

財政移転　22, 31, 32, 37-40, 42, 45, 47-49, 64, 65

——制度　64

財政格差　4, 31, 166

財政基盤　8, 32, 43, 49

財政収支　66

財政調整機能　8, 31-33, 37-40, 42, 45, 47-49, 166

財政部　68

財政力格差　4, 8, 48, 64

サッチャリズム　66

産業移転　13, 79, 80, 82

産業空洞化　80, 81

産業構造　112

——行列　113

産業連関表　112

三線建設　20-22, 163, 164, 166-168

実質 GDP 成長　53

私的圏　66

指導グループ　17, 138

シベリア鉄道　98

資本形成　57

仕向地原則　8, 36, 45-49

社会資本　52, 65, 68

借港出海　117-126, 128, 132, 136-140, 167

上海協力機構（SCO）　15, 78

習近平　1, 2, 7, 11, 16, 26, 32, 51, 58, 73, 90, 125, 162, 168

集二鉄道　98

周辺国　11, 13, 15, 16, 64, 70, 159

周辺情報　112

自由貿易区　25, 26, 166

主体機能区　20, 21

消費　24, 45, 57

情報幾何的分解　112

シルクロード基金　7, 11, 17, 26, 51, 63, 73, 77, 78, 82, 143

シルクロード経済帯　1, 7, 11, 12, 26, 51, 77, 78, 90

新区　22, 25, 26, 91, 166

新常態　4, 57, 58, 63

人流と物流　1, 4, 9

生産過剰　79

生産要素　8, 12, 23-26, 63, 70

税収返還　31, 32, 37

政府間財政移転　4, 39

政府間財政関係　31, 37, 39, 43, 48

政府性基金　32, 40

西部大開発　7, 20-23, 62, 83

世界銀行　18, 19, 23-25, 27, 66, 161

専項移転支払　32, 38

先行先試　123

先進地域　5, 7, 8, 12, 20, 23, 24, 27, 31, 64, 70, 161

先富論　4, 62

全方位開放型経済体制　162

走出去　4, 75, 82, 96

## た 行

第12次5カ年規画　58, 69

大図們江イニシアチブ（GTI）　122

大躍進　20, 53

——政策　163

大陸国家　9, 148, 158

地域一体化　4, 11, 12, 14, 16, 21, 24, 25, 27

地域開発政策　1, 4, 7, 8, 11, 12, 22, 27, 33, 166

地域格差　4, 6, 8, 12, 21, 22

地域間連携　8

地域協調発展4.0　13, 16, 21

地域経済一体化　8, 22, 23, 26, 166

地域発展戦略　13, 15-18, 20-24, 27, 63, 137

地方債　65

地方財政　1, 8, 31, 39-41, 43, 65

地方税　31, 33, 36, 41, 44, 45

地方政府融資平台　32

地方単独事業　64

地方分散型　31

中央経済工作会議　2, 63

中欧国際鉄道　5

中央直轄事業　65

中欧班列　98, 148-150, 158

中国・モンゴル・ロシア経済回廊　136, 137, 147, 148

中国商船隊　10, 153-156, 159

中国モデル　63, 168

中長期鉄路網規画　97

中東鉄道　98

中部崛起　4, 20-23, 62

中モロ鉄道　98

張維迎　168

長吉図先導区　123, 138

長江経済帯　2, 4, 8, 13, 23, 25, 26

鄭新欧線　100

出稼ぎ　74, 89

鉄道輸送　9, 17, 149

統一市場　14

東春フェリー　128, 133, 134

東部率先　21, 23

東方水上シルクロード　123, 124

東北振興　4, 8, 20, 21, 23, 62

東北部，東北地域　7, 13, 15, 22, 58-60, 62, 65, 69, 70, 78, 89, 118

騰籠換鳥　5

特定補助金　32, 38

都市群　25, 26, 78, 166

都市土地利用税　41

土地財政　40, 42, 65, 68

土地増値税　41

図們江規画要綱　123

図們江（豆満江）地域開発　120

トリクルダウン理論　62

取引高税　36, 45, 46

## な 行

内陸国境　4, 5, 9, 13, 17, 26

内陸部，内陸地域　5, 8, 9, 12, 13, 15, 21-24, 27, 49, 63, 70, 78, 88, 91, 161, 163, 168

## は 行

波及効果　9, 19, 167

八縦八横計画　98

ハブ都市　5, 15, 69

比較劣位　80, 81, 91

ビジョンと行動　2, 6, 7, 11, 14-17, 51, 77, 90, 147

非税収入　32, 39-42, 49

標準軌　98

平等重視　21, 24

平台　5

索　引

貧困人口　　73, 74, 84, 85, 87, 90
貧困層　　9, 73, 74, 81, 91
貧困発生率　　73
付加価値税　　8, 31, 36, 44-49
複合一貫輸送　　119, 122, 126, 129, 131,
　　132, 135, 137, 139, 140
普速鉄道　　98
不動産保有課税　　36
プラットフォーム　　1, 5, 6, 8-10, 15,
　　27, 32, 52, 64, 69, 70, 74, 78, 95, 111,
　　137, 138, 140, 144, 146, 158, 161, 163,
　　164, 167, 168
分割　　19, 20, 23, 24
分税制改革　　31, 37, 48, 53, 64
平準化効果　　32
ヘクシャー・オリーンの定理　　80
変動係数　　33, 35, 36, 42, 47
ボアオ・アジアフォーラム　　58
保護主義　　73

## ま　行

マーシャル・プラン　　11
満洲里口岸　　98
密度　　19, 20, 23-25, 27
毛沢東　　163

## や　行

融資平台　　65
渝新欧　　149, 150
ユーラシア経済連合　　149
輸送回廊　　121, 122, 125, 126, 130
　　綏芬河――　　122, 125, 126, 135
　　図們江――　　122, 125-127, 129, 135,
　　136, 139
予算内支出　　65

## ら　行

リーマンショック　　4, 57, 65
陸海聯運　　124, 137
龍江陸海シルクロード経済帯　　137,
　　139
レーガノミックス　　66
隴海線　　99
労務輸出　　9, 91
ローカルハブ　　4, 63, 64
ロシア　　9, 15, 73, 77-79, 118-121,
　　123-131, 133-138

## わ　行

和諧社会　　4, 32

## ■編著者一覧

**穆尭芊**（MU Yaoqian）（序章・第1章）
公益財団法人環日本海経済研究所（ERINA）調査研究部研究主任
専門分野：地域経済，開発経済，中国経済
主要著作：（単著）「中国の地域発展戦略から見る『一帯一路』」北東アジア学会『北東
　　　　　アジア地域研究』第22号，2016年7月，pp.18-31
　　　　　（単著）『中国の地域開発政策の変容—地方主体の展開と実態』ERINA 北東
　　　　　アジア研究叢書9，日本評論社，2019年3月

**徐一睿**（XU Yirui）（序章・第3章）
専修大学経済学部准教授
専門分野：財政学，中国経済
主要著作：（単著）『中国の財政調整制度の新展開—「調和の取れた社会」に向けて—』
　　　　　日本僑報社，2010年5月
　　　　　（単著）『中国の経済成長と土地・債務問題—政府間財政システムによる「競
　　　　　争」と「調整」』慶應義塾大学出版会，2014年7月

**岡本信広**（OKAMOTO Nobuhiro）（第4章・終章）
大東文化大学国際関係学部教授
専門分野：地域・都市経済学，中国経済
主要著作：（単著）"Spatial and Institutional Urbanisation in China," *Asia-Pacific Journal
　　　　　of Regional Science*, https://doi.org/10.1007/s41685-019-00113-y, 16 April
　　　　　2019
　　　　　（編著）『中国の都市化と制度改革』日本貿易振興機構アジア経済研究所，
　　　　　2018年3月

## ■執筆者一覧

**町田俊彦**（MACHIDA Toshihiko）（第2章）
専修大学名誉教授
専門分野：財政学
主要著作：（単著）『歳入からみる自治体の姿—自治体財政・収入の仕組みと課題』イマ
　　　　　ジン出版，2012年2月
　　　　　（単著）『歳出からみる自治体の姿—自治体財政・支出の仕組みと課題』イマ

ジン出版，2013年2月

**南川高範**（MINAMIKAWA Takanori）（第5章）
公益財団法人環日本海経済研究所（ERINA）調査研究部研究員
専門分野：マクロ経済学，計量経済学，地域経済
主要著作：（単著）「対外開放政策推進下の中国における物価動向と貨幣の超過供給」，
アジア政経学会『アジア研究』，58巻3号，2012年7月，pp.72-85
（単著）"A study of the distribution between each province about China style innovation," *Theoretical Economics Letters,* Vol. 9 No. 5, 2019 July, pp. 1316-1329

**新井洋史**（ARAI Hirofumi）（第6章）
公益財団法人環日本海経済研究所（ERINA）調査研究部長・主任研究員
専門分野：ロシア経済，地域開発
主要著作：（単著）「第1章　東に向くロシア―整備が進む極東の物流・エネルギーインフラ」伊集院敦・日本経済研究センター編『変わる北東アジアの経済地図―新秩序への連携と競争』文眞堂，2017年7月
（編著）『ロシア企業の組織と経営―マイクロデータによる東西地域比較分析』ERINA北東アジア研究叢書8，日本評論社，2018年10月

**朱永浩**（ZHU Yonghao）（第7章）
福島大学経済経営学類准教授
専門分野：アジア経済論，中国経済論
主要著作：（単著）『中国東北経済の展開―北東アジアの新時代』ERINA北東アジア研究叢書2，日本評論社，2013年3月
（編著）『アジア共同体構想と地域協力の進展』文眞堂，2018年3月

●編著者紹介

**穆尭芋**（むうー・やおーちぇん）

公益財団法人環日本海経済研究所（ERINA）調査研究部研究主任

**徐一睿**（じょ・いちえい）

専修大学経済学部准教授

**岡本信広**（おかもと・のぶひろ）

大東文化大学国際関係学部教授

【ERINA 北東アジア研究叢書】10

「一帯一路」経済政策論
プラットフォームとしての実像を読み解く

2019年 7 月10日　第 1 版第 1 刷発行

編著者──穆尭芋・徐一睿・岡本信広
発行所──株式会社日本評論社
　　　　　〒170-8474　東京都豊島区南大塚3-12-4　電話　03-3987-8621（販売），8595（編集）
　　　　　振替　00100-3-16
　　　　　https://www.nippyo.co.jp/
印　　刷──精文堂印刷株式会社
製　　本──井上製本所
装　　幀──林健造
検印省略 © Mu Yaoqian, 2019
Printed in Japan
ISBN978-4-535-55952-3

JCOPY 〈（社）出版者著作権管理機構 委託出版物〉
本書の無断複写は著作権法上での例外を除き禁じられています。複写される場合は，そのつど事前に，（社）出版者著作権管理機構（電話 03-5244-5088，FAX 03-5244-5089，e-mail: info@jcopy.or.jp）の許諾を得てください。また，本書を代行業者等の第三者に依頼してスキャニング等の行為によりデジタル化することは，個人の家庭内の利用であっても，一切認められておりません。